Longman A-V French   D'accord Stage Three Pupil's Book

D'accord

Sidney Moore

Les Antrobus

Gordon Pugh

Linguistic consultants
Françoise Spielmann
Nathalie Dufaux

Longman

Components of D'accord

Stage 1	Pupil's Book	*(complementary Stage A1 components)*
	Teacher's Book	Workbook
	Filmstrips	Flashcards
	Flashcards	Worksheets (Tests)
	Recordings	Graded Practice Spiritmasters

Stage 2	Pupil's Book	*(complementary Stage A2 components)*
	Teacher's Book	Workbook
	Filmstrips	Integrated Readers
	Recordings	

Stage 3	Pupil's Book	*(complementary Stage A2 components)*
	Teacher's Book	Workbook
	Recordings	Integrated Readers

Longman A-V French Course

Year 1	D'accord 1		Stage A1	Stage A1	
Year 2	D'accord 2		Stage A2	Stage A2	
Year 3	D'accord 3		Stage A3		
Year 4	Stage A3	Stage B3	Stage A4	Stage A3	Stage B3
Year 5	Stage A4 (O level)	Stage B4 (CSE)	Stage A5 (O level)	Stage A4 (O level)	Stage B4 (CSE)
Year 6	Au Courant Level One				
Year 7	Au Courant Level Two (A level)				

LONGMAN GROUP LIMITED *Longman House, Burnt Mill, Harlow, Essex CM20 2JE, England
and Associated Companies throughout the World*
©Moore, Antrobus and Pugh 1984
All rights reserved. No part of this publication may be reproduced, stored in a retrieval system, or transmitted in any form or by any means, electronic, mechanical, photocopying, recording or otherwise, without the prior written permission of the copyright owners.

First published 1984   ISBN 0 582 31046 6
Set in 10 on 12pt Digitron Times
Printed in Great Britain by Blantyre Printing & Binding Co. Limited, Glasgow

Foreword

Longman A-V French provides a complete teaching programme in French, leading to the examinations at sixteen and eighteen.

D'accord is a three-year introductory course designed for the complete ability range. It can be used as a self-contained course for pupils who will not continue with French after three years or as an introduction to the alternative later stages of the course. It covers the requirements of unit credit schemes and graded objectives.

There is an emphasis on everyday life, practical transactions and the language of personal interchange. Practice activities are focussed on the development of communicative ability, rather than on accuracy. Self-tests and group work, role-playing and games are used to maintain pupils' interest.

D'accord 3 is a completely new third-year course, parallel with the second half of Stage A2. It offers the same clear and easy-to-follow layout as Stages 1 and 2 of *D'accord*, but has completely new characters and background, combined with a more mature approach. It has been designed to take full account of recent developments in modern language teaching and follows communicative principles in its stress on the ability to cope and on interpersonal expression. It retains an underlying structural progression, in order to develop the understanding of language patterns in use which is considered essential for lasting progress in language learning. This progression is combined with a cyclical re-introduction of notions and functions at increasing levels of sophistication. This means that pupils of varying abilities are able to play an active part in all aspects of the work. The skills of reading comprehension and of simple written expression are systematically developed by the use of a wide variety of texts and stimuli.

A great deal of information about life in France is introduced in the context of the life of young people; a wide variety of activities based on such information is provided to develop awareness of similarities and differences, as well as a deeper understanding of differing, but related cultures.

D'accord 3 includes a large number of recorded conversations, interviews, announcements and news items made by native French speakers.

The Teacher's Book gives suggestions for presentation, practice and development activities. The structures, vocabulary, notions and functions introduced in each unit are listed, together with scripts of the recorded materials.

Acknowledgements

We are grateful to the following for permission to reproduce photographs:
British Tourist Authority, page 37; Camera Press, pages 19 (L'Express/Jean Regis Roustan) and 63 left (Michel Baret); Centre National de Documentation Pédagogique, pages 6 below left and below right (Pialoux), 29, 55, 57 above left and 59 above (all Suquet); Documentation Française, pages 6 centre (Ministère des Relations Extérieues/M. Delluc), 11 below (Air France), 57 above right on screen (Renault), 79 (MdRE/Delluc), 97 (Préfecture de Police), 105 above right (INDRP/Marc Pialoux), 112 left and right (MdRE/Delluc), 112 centre (Y. Chouraqui/Mairie de Créteil) and 118 centre (Merlhou/Tourisme); French Government Tourist Office, page 6 above (Merlhou); Keith Gibson, page 118 above; Brendan Hearne, pages 11 above and centre, 14 centre, 15, 17, 23, 27, 31, 35, 49, 51 right, 63 right, 79, 99, 107, 115 and 123 below; Philips Business Systems, page 57 above right (VDU) and below left; Rapho, pages 14 left (Steve Murez), 69 (Dailloux), 96 right (Phelps) and 123 above (François Ducasse); Jean Ribière, pages 96 left and 100; Roger-Viollet, pages 105 above left and below; SNCF, page 117; Topham/IPA, page 118 below; all other photographs by Longman Photographic Unit.

Contents

		page	how to...	Grammar/Structures
	Introduction	6		
1	**La bande se réunit**	8	talk about what people have done	Revision of the perfect tense
	Arrivées au Centre	11	talk about where people have been	with *avoir* and *être*
	Talking about what you've been doing	12		
	Deux mots pour te dire	13		
2	**Vos papiers, s'il vous plaît!**	14	give personal details	Revision of demonstrative
			talk about belongings	and possessive adjectives
	Renseignements	17	talk about what is allowed, etc.	Revision of object pronouns
	Getting to know each other	18		*dire, demander à/de*
	Les droits des jeunes	19		
3	**Au boulot**	20	say "to him", "to me", etc.	Indirect object pronouns
	Les jeunes travaillent	23		
	Talking about earning money	24		
	Un accident	25		
4	**Une journée au Centre**	26	talk about when things happen	Revision of present tense
	Le rythme de la vie	29		of reflexive verbs
	Talking about daily life	30		*dormir, s'endormir*
	Une journée au Centre	31		
5	**Où habitez-vous?**	32	talk about where you come from	Perfect tense of *naître*
	Régions et départements	35	use facts and figures about places	
	Talking about where you live	36		
	Bienvenue aux Français	37		
6	**On s'est bien amusés**	38	talk about activities and routines	Perfect tense of reflexive verbs
	En visite	41		
	Talking about your home	42		
	Les farceurs	43		
	Checkpoints I	44		
7	**Tout va changer!**	46	talk about hopes, wishes, intentions	*aller, compter, espérer, penser,*
	Cette semaine au Foyer	49	make suggestions	*vouloir* + infinitive
	Talking about interests	50		*c'est — qui*
	Le Club Inter-Jeunes	51		
8	**Mon avenir**	52	find out more about education in France	Future tense of regular verbs
	Vers le monde d'avenir	55	talk about the future	
	Talking about options	58	discuss choice of subjects and courses	
	Il faut choisir	59		
9	**Demain au travail**	60	talk about the world of the future	Future tense of irregular verbs
	Projets d'avenir	63		
	Talking about careers	64		
	Quel sera mon métier?	65		
10	**Au Micromarché**	66	say exactly what you want	*lequel*, etc.
	Magasins et marchandises	69	point out what you have chosen	*celui-ci/là*, etc.
	Talking about choosing presents for people	70	ask which person or thing is meant	
	Bon anniversaire!	71		

		page	how to...	Grammar/Structures
11	**Toutes directions**	72	find your way around towns and buildings	Revision of prepositions
	Le plan de la ville	75	talk about bus routes and timetables	Expressions of distance
	Au Centre Commercial	76		
	Prenons le bus	77		
	Talking about going to town	78		
	Salut, les copains	79		
12	**Faisons le choix**	80	compare people and things	Comparative and superlative expressions
	La quinzaine commerciale de printemps	83		
	Talking about shopping	84		
	Allô commande	85		
	Checkpoints 2	86		
13	**A votre santé!**	88	talk about what used to happen	Imperfect tense (habitual)
	En forme	92	talk about what you no longer do	*ne plus, depuis*
	Talking about fitness	94		
	Souvenirs	95		
14	**SOS Premiers secours**	96	explain what was going on	Imperfect tense and perfect tense
	Protéger, alerter, secourir	99	report what happened	*en* with present participle
	Talking about illness	100	understand instructions	
	Que faire en cas d'urgence?	101		
15	**Avez-vous vu cet homme?**	102	describe people	*qui, que* (relative)
	C'était le passé	105	talk about what you were going to do	*aller, vouloir, devoir* in imperfect + infinitive
	Talking about people	106		
	Alerte — enfant disparu!	107		
16	**Vers la nature**	108	talk about what would or might happen	Conditional mood
	Un jour de sentier, huit jours de santé	111	make a suggestion, disagree, give reasons	
	Talking about outings	112		
	Une sortie	113		
17	**On part!**	114	make preparations for a journey	Revision of object pronouns
	Allez-y en train	117	plan a train journey	Use of tenses
	Talking about holidays	118	talk about what you'd need to take	
	Où partir?	119		
18	**Sous la tente**	120	discuss holidays	Order of object pronouns
	Au grand air	123	understand and give instructions	Use of tenses
	Could you cope?	124		
	Checkpoints 3	125		
	Grammar	127		
	Verb tables	135		
	Vocabulary	139		
	Index to grammar	145		

Introduction

> Bonjour, tout le monde!
> Bienvenue au Centre des Quatre Saisons!
> Moi, je suis Marie-Paule, Directrice du Centre.
> Amusez-vous bien chez nous!

LE CENTRE DES QUATRE SAISONS

ouvert toute l'année pour tous les jeunes de 14 à 18 ans

Pour vos études
    pour vos loisirs
        pour vos vacances

- ★ séjours linguistiques
- ★ rencontres internationales
- ★ activités sportives
- ★ stages et cours intensifs

Son Foyer... Sa Base Plein-Air...
Ses Laboratoires... Ses Ateliers...
Sa Salle Omnisports

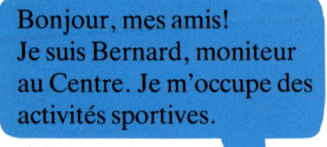

LA BANDE 4S ÇA VA

> Bonjour, mes amis!
> Je suis Bernard, moniteur au Centre. Je m'occupe des activités sportives.

Ici au Centre des Quatre Saisons, on rencontre pas mal de jeunes étrangers, surtout en période de vacances.

Ils passent deux ou trois semaines à suivre des stages de langue française, et à s'amuser aussi.

Pendant l'année scolaire, ce sont les collégiens et les lycéens français qu'on rencontre ici. Ils arrivent avec leurs professeurs pour une semaine d'études intensives de sciences naturelles, de géographie ou d'histoire.

Les élèves français ont aussi la possibilité de suivre des stages de langues étrangères.

FOYER des JEUNES
QUATRE SAISONS

Bonjour! Moi, c'est Brigitte. Je suis l'animatrice du Foyer.
    Pendant toute l'année, les jeunes qui habitent près du Centre ont la possibilité de participer à nos activités et à nos divertissements. Pour eux le Foyer est un vrai club.
    J'invite tous les jeunes âgés de quatorze à dix-huit ans à s'inscrire.

Moi, je suis Philippe.
    Je m'occupe des séjours linguistiques pour étrangers et j'aide Brigitte à animer le Foyer. Il y a toutes sortes d'activités pour vous amuser.
    Il y a aussi, bien entendu, toutes les possibilités pour gagner des connaissances utiles.

Voici quelques membres du Foyer.

Alain, 15 ans, habite à Vergy. Il a deux sœurs et un frère.

Line, 14 ans, et son frère, Christophe, 15 ans.

Sandrine, 14 ans, vient d'arriver à Vergy. Elle n'a pas de frère, mais elle a une sœur mariée.

Jacques, 16 ans, est le fils de Xavier, chef de cuisine du Centre.

Nicole, 16 ans, est la fille de Marie-Paule. Elle a un frère. Son père habite à Paris.

1 La bande se réunit

In this lesson you will learn
how to talk about what people have done
how to talk about where people have been
how to talk about the order in which things happen

FOYER des JEUNES
DES QUATRE SAISONS

Activités de la semaine

C'EST LA RENTRÉE!
Inscrivez-vous ici
Ça boume samedi !
4S

Tiens, regarde, Nicole! Alain est arrivé avec une fille.

Bonjour, Brigitte. Je peux m'inscrire?

Salut, Alain! C'est une nouvelle copine?

Tu la connais, Christophe?

Salut, Brigitte. C'est Sandrine.

Non, mais je l'ai vue hier en ville.

R Introduction

C'est la mi-septembre, la fin des vacances. C'est le début de l'année scolaire et c'est aussi la rentrée du Foyer des Quatre Saisons.

Vendredi soir les jeunes de Vergy se réunissent au Foyer. Vers neuf heures presque toute la bande est arrivée. C'est Alain qui est arrivé le dernier avec Sandrine.

C'est la première fois que Sandrine est venue au Foyer. Elle vient d'arriver à Vergy avec ses parents. Elle habite à côté de chez Alain, dans un appartement neuf tout près du Foyer.

De quoi s'agit-il?

1 Quel jour est-ce?
2 Qui est arrivé le dernier ce soir?
3 A quelle heure est-ce qu'Alain est entré?
4 Est-ce qu'il est arrivé seul?
5 Qui est entré avec Alain?
6 Où est-ce qu'Alain habite?
7 Est-ce que Sandrine habite près du Centre?
8 Comment est l'appartement de Sandrine?

Comment le dire en français?

1 the start of the school year
2 nearly nine o'clock
3 nearly everyone
4 the first time
5 next door to me

1

R Conversations

A. *Ce soir, c'est la rentrée du Foyer. J'attends toute la bande.*

BRIGITTE	Ah, c'est toi, Christophe. Tu es arrivé avant moi ce soir.
CHRISTOPHE	Oui, je suis arrivé le premier. Nicole est venue avec toi?
BRIGITTE	Oui, la voilà qui entre.
CHRISTOPHE	Est-ce que Philippe vient ce soir?
BRIGITTE	Il va venir plus tard. Il s'occupe d'un groupe de jeunes Allemands qui viennent d'arriver au Centre.

Vrai ou faux?
Brigitte est arrivée.
Nicole est venue avec Brigitte.
Philippe est arrivé avant Christophe.

B. *Jacques est resté à la maison. Pourquoi?*

NICOLE	Salut, Christophe. Tu as vu Jacques?
CHRISTOPHE	Oui, je suis passé chez lui.
NICOLE	Il n'est pas venu avec toi?
CHRISTOPHE	Non, il est resté à la maison pour regarder le match.
NICOLE	Et Alain n'est pas encore arrivé?
CHRISTOPHE	Je ne crois pas. Moi, je ne l'ai pas vu.

Corrigez
Jacques est passé chez Christophe.
Christophe est venue au Foyer avec Jacques.
Line est restée à la maison.
Christophe a vu Alain au Foyer ce soir.

C. *Bienvenue au Foyer, Sandrine!*

BRIGITTE	Ah, voilà Alain. Il arrive le dernier.
NICOLE	Qui est cette fille avec lui?
BRIGITTE	Je ne sais pas. Tu la connais, Christophe?
CHRISTOPHE	Non, mais je l'ai vue en ville avec Alain.
ALAIN	Bonjour, tout le monde. Bonjour, Brigitte. Voici une nouvelle copine. C'est Sandrine.
BRIGITTE	Bonjour, Sandrine. Bienvenue au Foyer.

R Ecoutez bien

Ecoutez la conversation des jeunes. Répondez OUI ou NON aux questions.

1 Est-ce que Sandrine vient d'arriver à Vergy?
2 Est-ce que son père a trouvé un emploi à Vergy?
3 Est-ce que sa mère a trouvé un emploi à Vergy?
4 Est-ce que Sandrine est en quatrième?

A écrire

Qu'est-ce que les membres de la bande ont fait samedi soir? Complétez les phrases en vous servant des expressions dans la case.

1. Alain est . . . au cinéma avec Sandrine.
2 Line et Christophe . . . vers neuf heures.
3 Nicole est . . . à la maison pour écouter la radio.
4 Jacques et Philippe . . . partis vers minuit.
5 Brigitte . . . la dernière.

sont arrivés	est partie
sont allé	restée

1 pratique

What did they do?

- Qu'est-ce que tu as fait pendant les vacances?
- Et vous, qu'est-ce que vous avez fait?
- Et ce paresseux, qu'est-ce qu'il a fait?

J'ai	passé	un mois chez des amis.
	joué	au tennis tous les jours.
	fait	du camping en Espagne.
	lu	un tas de bandes dessinées.
	travaillé	dans un supermarché.
Nous avons / On a	connu	des garçons italiens.

Il n'a	pas gagné	d'argent.
	rien fait	d'intéressant.
	connu	personne.
	pas fini	ses devoirs de vacances.

A. *exemple*
Alain a joué au volley-ball.

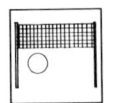

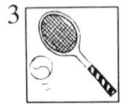

1. Alain
2. Nicole
3. Christophe et Alain
4. Line
5. Jacques
6. Nicole et Line

Where's everyone been?

Moi, je	suis	allé(e)	en ville.
Tu	es	allé(e)	au cirque?
Alain	est	allé	au Foyer.
Line		allée	à l'église.
Nous	sommes	arrivé(e)s	à Rennes.
Vous	êtes	rentré(e)(s)	d'Irlande?
Les Dulac	sont	partis	en Italie.
Sandrine et Nicole		restées	à la maison.

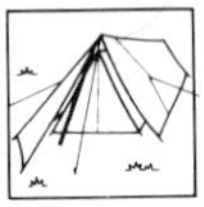

When did they arrive?

Moi, je	suis	arrivé	le premier.
C'est toi qui	es	arrivée	la dernière, Nicole.
On	est	arrivé	trop tard?
Brigitte		arrivée	avant Philippe.
Jacques		arrivé	avec Alain.
Line		arrivée	après Sandrine.
Les Dounat	sont	arrivés	vers dix heures.
Personne	n'est	arrivé	après Nicole.

B. A quelle heure est-ce qu'on est arrivé ou parti?

Aéroport de Paris

Arrivées

VOL	EN PROVENANCE DE	HEURE	PORTE
1	LYON	0930	A
2	GENEVE	1040	B
3	LONDRES	1115	C
4	VIENNE	1420	D

Départs

VOL	A DESTINATION DE	HEURE	PORTE
5	ROME	0110	E
6	NICE	0630	F
7	MADRID	0805	G
8	EDIMBOURG	1650	H

exemple
Guy est arrivé à neuf heures et demie.
Françoise est partie à une heure dix.

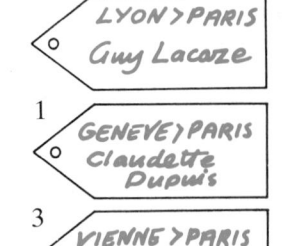

LYON › PARIS — Guy Lacaze
PARIS › ROME — Françoise Renouf
1. GENEVE › PARIS — Claudette Dupuis
2. PARIS › NICE — M. et Mme Leroi
3. VIENNE › PARIS — Mme Schwarz
4. PARIS › EDIMBOURG — Anne et Marie Stuart

débrouillez-vous

Arrivées au Centre

Pendant les vacances d'été, beaucoup de jeunes étrangers sont arrivés au Centre pour les stages de langue française. Ils sont venus de tous les pays d'Europe.

Le Centre des Quatre Saisons
Séjours linguistiques
Cours d'été pour étrangers
Perfectionnez votre français en France
Stages d'une, deux ou trois semaines

A. Alan est anglais. Il a passé deux semaines au Centre au début des vacances. Voici l'histoire de son trajet. Il a traversé la Manche en aéroglisseur.

Alan a quitté la maison à six heures du matin, le vingt juillet. Il est allé en voiture à la gare avec son père. Il a pris le train à huit heures. Il est arrivé à la gare maritime de Ramsgate à dix heures moins le quart. L'aéroglisseur est parti à onze heures et est arrivé à Calais deux heures en retard, à deux heures de l'après-midi, à cause d'une panne. Alan est monté dans l'autocar à trois heures et demie de l'après-midi et il est arrivé au Centre à six heures moins le quart.

Travail à deux
Jouez les rôles d'Alan et de Brigitte. Brigitte lui pose des questions au sujet de son trajet.
exemple
A quelle heure as-tu quitté la maison?

R **B.** Maria est italienne. Elle a pris le train pour son trajet jusqu'au Centre, où elle a passé une semaine à la mi-août. Ecoutez sa conversation avec Philippe et répondez aux questions.
1 A quelle heure est-ce que Maria a quitté la maison?
2 Comment est-ce qu'elle est arrivée à la gare?
3 A quelle heure est-ce que le train est parti?
4 Est-ce que Maria a voyagé seule?
5 Où est-ce que Maria a passé la nuit du 15?

C. Yusuf habite à Lagos. Il a passé trois semaines au Centre vers la fin des vacances.
Travail à deux
En vous servant de son agenda, posez des questions au sujet du voyage de Yusuf.

Mon agenda de voyage

septembre
1	06.00	Départ en taxi pour l'aéroport
	08.30-09.30	Lagos - Dakar
	11.00-16.00	Dakar - Paris
	18.00	Transfert à l'hôtel (minibus)
1-2	nuit	Hôtel Rive Gauche
2	10.00	Visite de Paris
2-3	nuit	Hôtel Rive Gauche
3	10.00	Transfert au Centre (autocar)
	13.00	Arrivée au Centre

11

moi et toi

Tu es descendue à l'hôtel en Espagne, Sandrine?

Non, mon père a loué une caravane. L'hôtel coûte trop cher.

Qu'est-ce que tu as fait d'intéressant, Christophe?

Pas grand-chose!

R A l'écoute

Conversations au Foyer
Trois des membres parlent de leurs loisirs.
Ecoutez leurs conversations et répondez aux questions enregistrées.

Le jeu des rôles   Jouez les rôles de Jacques et de Sandrine.

Jacques	Sandrine
Est-ce que tu es partie quelque part pendant les vacances?	Say that you spent two weeks in Spain.
Tu es partie seule?	Say that you went with your parents.
Tu as fait du camping?	Say that you hired a caravan.
Moi, je n'ai jamais été en Espagne.	Ask what he did during the holidays.
Pas grand'chose. Je suis resté à Vergy.	Ask if he found a job.
Oui, j'ai travaillé au café.	Choose your own reply.

? Travaillez avec un partenaire ou en groupe. Posez des questions l'un à l'autre au sujet des vacances ou de la fin de semaine que vous venez de passer.

Voici des idées pour vos questions et vos réponses.

Quoi?	Qu'est-ce que tu as fait? – quelque chose d'intéressant? – des promenades, à pied, en vélo, à cheval?	Pas grand-chose. J'ai fait des promenades. J'ai travaillé . . .
Où?	Tu es parti – à la campagne? – au bord de la mer? – à l'étranger?	Je suis allé au Portugal. On est parti vers le Midi. Nous sommes restés ici.
Quand?	Au début des vacances? Au mois d'août? Vers la fin des vacances?	J'ai passé quelques jours . . . en juillet, mi-août.
Avec qui?	Avec tes parents? Avec des copains?	Avec ma mère. Chez ma sœur. Avec la classe.

à écrire

Deux mots pour te dire . . .

Voici une lettre de Francine, une amie de Sandrine. Sandrine vient d'arriver à Vergy, mais Francine habite toujours à Lyon.

> Lyon, le 13 octobre
>
> Chère Sandrine,
>
> Voici deux mots pour te dire bonjour. Il y a déjà un mois que tu es partie. J'espère que tout va bien là-bas dans le Nord! Est-ce qu'il pleut tout le temps?
>
> J'ai connu un garçon très sympa qui habite dans ton ancien appartement. Il s'appelle Yves et il est en troisième au Collège. Moi, je trouve qu'être en quatrième, c'est dur. Toi aussi?
>
> Yves et moi, nous avons fait un tas de choses ensemble depuis la rentrée. On est allés au cinéma et au Club. Et il m'aide à faire mes devoirs.
>
> Raconte-moi tout. Est-ce qu'il y a un Club ou une Maison des Jeunes à Vergy? Est-ce que le Collège est agréable? Et les profs, ils sont gentils? Tu as trouvé des copains? Tu as connu des garçons sympas? Qu'est-ce qu'il y a à faire en fin de semaine?
> J'attends ta lettre,
>
> Bisous,
> Francine

Depuis son arrivée à Vergy, Sandrine écrit des notes dans son agenda. Sa vie est très différente maintenant. Vergy est une petite ville, même un village. Lyon est une très grande ville. Sandrine aime le nouvel appartement, qui est très moderne. Elle trouve que le Collège et le Foyer sont très agréables, mais elle n'aime pas le temps qu'il fait. Elle préfère le climat de Lyon. Là-bas, le soleil brille souvent!

lundi	8	Premier jour au Collège. Les profs sont assez gentils!
mardi	9	Oh! je trouve qu'il y a vraiment trop de travail en quatrième!
mercredi	10	L'après-midi, j'ai fait une promenade en vélo. Il fait frais ici!
jeudi	11	Alain, qui habite à côté, est très sympa. Il va m'aider pour mon anglais!
vendredi	12	Je suis allée au Foyer avec Alain. Les copains sont gentils.
samedi	13	Promenade avec Alain. Nous avons retrouvé la bande au café.
dimanche	14	Sortie avec maman et papa. Déjeuner au bord de la mer. IL PLEUT TOUJOURS !!!

Ecrivez la lettre de Sandrine à Francine. Servez-vous de l'agenda (ci-dessus) et n'oubliez pas de répondre aux questions de Francine. Si vous voulez, vous pouvez imaginer quelques détails de la vie de Sandrine.

2 Vos papiers, s'il vous plaît!

In this lesson you will learn
how to introduce yourself and give personal details
how to talk about belongings
how to talk about what's allowed or forbidden

Un contrôle d'identité. Ces agents ont demandé à une jeune femme de leur montrer ses «papiers». Elle leur a présenté sa carte d'identité, et aussi son permis de conduire.

Voici sa Carte Nationale d'Identité. Il n'est pas obligatoire pour un Français de la porter, mais une «Pièce d'Identité» est très pratique.

R Introduction

Quand on voyage à l'étranger, il faut prouver son identité. Si vous avez moins de seize ans, vous n'avez pas besoin de votre propre passeport.

Vous pouvez être inscrit sur le passeport d'un adulte ou sur un passeport de groupe.

Si on fait un très court voyage en France, pas besoin d'un passeport, même pour un adulte. Une simple carte d'identité suffit.

Les Français ont leur Carte Nationale d'Identité, qui leur permet de voyager sans passeport dans les autres pays de la Communauté Européenne.

De quoi s'agit-il?

1 Qu'est-ce que la jeune femme sur la photo montre aux agents?
2 Qu'est-ce qu'il faut avoir pour un voyage à l'étranger?
3 Est-ce qu'un moins de seize ans a besoin de son propre passeport?
4 Est-ce qu'il est obligatoire pour un Français de porter sa Carte d'Identité?
5 Où est-ce que les Français ont le droit de voyager sans passeport?

Comment le dire en français?

1 when you travel abroad
2 driving licence
3 identity card
4 no need for a passport
5 the under sixteens

R Conversations

A. *Quand on arrive en France, il faut montrer son passeport à l'agent qui contrôle les papiers des voyageurs.*

Police de l'air et des frontières

Contrôle passeports

L'AGENT	Vos passeports, messieurs-dames.
UN VIEUX MONSIEUR	Mon passeport? Hmmh, heuh, attendez...
L'AGENT	Monsieur, il faut montrer votre passeport.
LE VIEUX MONSIEUR	Mais je ne le trouve pas, mon passeport! Je l'ai laissé dans l'avion...
SA FEMME	Non, non, Jules, je l'ai ici, ton passeport.
LE VIEUX MONSIEUR	Tu as mon passeport, chérie?
SA FEMME	Oui, je l'ai mis dans mon sac avec les billets.
L'AGENT	Madame, s'il vous plaît, vos passeports.
LA FEMME	Voici nos passeports, monsieur.
L'AGENT	Bon, ça va, madame. Au suivant...

Vrai ou faux? Le vieux monsieur a laissé son passeport dans l'avion.
Il a les billets.
Sa femme a les passeports.

B. *Les douaniers ont le droit de demander aux voyageurs d'ouvrir leurs valises, même s'ils passent par la porte verte.*

Douanes françaises

LE DOUANIER	Excusez-moi, mademoiselle, vous n'avez rien à déclarer?
LA JEUNE FILLE	Non, je n'ai rien à déclarer, moi.
LE DOUANIER	C'est votre valise? Voulez-vous l'ouvrir?
LA JEUNE FILLE	Cette valise rouge? Elle n'est pas à moi. Voilà ma valise, la bleue, à côté.
LE DOUANIER	Mettez-la sur le comptoir et ouvrez-la, s'il vous plaît.
LA JEUNE FILLE	La clef, je ne la trouve pas! Ah, si, la voici.
LE DOUANIER	Où avez-vous acheté cet appareil, mademoiselle?
LA JEUNE FILLE	Je ne l'ai pas acheté. Je l'ai emprunté à mon frère.

Corrigez La jeune fille a une valise rouge.
Elle ne trouve pas la clef de sa valise.
Elle a emprunté un appareil à sa mère.

R Ecoutez bien

Ecoutez la conversation entre les jeunes étrangers et les agents qui font une contrôle d'identité. Répondez aux questions.
1 What nationality is the girl?
2 What date did she arrive in France?
3 Where's she staying?
4 Does the boy have his passport?
5 What does the policeman tell him to do?

A écrire

Recopiez la fiche et complétez-la.

FICHE D'ÉTRANGER

Hôtel MEURICE ★★★NN
Rue Ed. Roche
62100 CALAIS
TÉL. 34.57.03

Chambre N°

No Passeport
NOM :
(Name)
Prénoms :
(Christian name)
Date de naissance :
(Date of Birth)
Lieu de naissance :
(Place of birth)

pratique 2

Asking people about their belongings

Ce	sac	est	à	vous? toi?	C'est	votre ton	sac? appareil?
Cet	appareil						
Cette	serviette					votre ta	serviette?
Ces	papiers valises	sont			Ce sont	vos tes	papiers? valises?

A. Posez les questions d'une autre façon.

exemple
C'est ta montre? Cette montre est à toi?

1. C'est votre voiture, monsieur?
2. C'est ton transistor?
3. C'est ta calculatrice?
4. Cet argent est à toi?
5. Ce carnet est à toi?
6. Ce sont vos enfants, madame?
7. Ce sont tes crayons?
8. Ces livres sont à vous?
9. Cette trousse est à toi?
10. Cette carte d'identité est à vous?

Talking about your own belongings

Où	est	mon	sac? appareil?	Je ne	le	trouve pas.	Je	l'	ai	perdu.
		ma	serviette?		la					perdue.
	sont	mes	papiers? valises?		les			les		perdus.
										perdues.
Où donc sont toutes mes affaires?				Ah, les voici!			Je ne les ai pas perdues.			

B. Aujourd'hui, M. Dupays est vraiment distrait.

exemple
M. Dupays a laissé son passeport à l'hôtel.
Qu'est-ce qu'il a dit?
Mon passeport! Je l'ai laissé à l'hôtel.

1. M. Dupays a perdu son billet.
2. Il a oublié sa carte d'identité.
3. Il a laissé tomber son appareil.
4. Il n'a pas mis ses lettres à la poste.
5. Il a manqué son train.
6. Il a laissé ses clefs dans la voiture.
7. Il a cassé ses lunettes.
8. Il n'a pas acheté son journal.
9. Il n'a pas pris son portefeuille dans le tiroir.
10. Il n'a pas mangé ses sandwichs.

Telling and asking people to do things

Le douanier	a	dit	aux	voyageurs	d'	ouvrir leurs valises.
Le gendarme			au	jeune homme	de	montrer ses papiers.
Le moniteur Line		demandé	à	Xavier Christophe		préparer des sandwichs. lui prêter son transistor.

débrouillez-vous

Renseignements

entrée interdite aux moins de 16 ans non accompagnés d'un adulte

SALLE 1 — Film interdit aux moins de 13 ans
SALLE 2 — Film interdit aux moins de 18 ans
SALLE 3 — Un film pour toute la famille

Les jeunes âgés de moins de seize ans ne sont pas admis dans les salles de jeux, s'ils ne sont pas accompagnés d'un adulte. En principe, les moins de seize ans n'ont pas le droit d'entrer dans un café non plus!

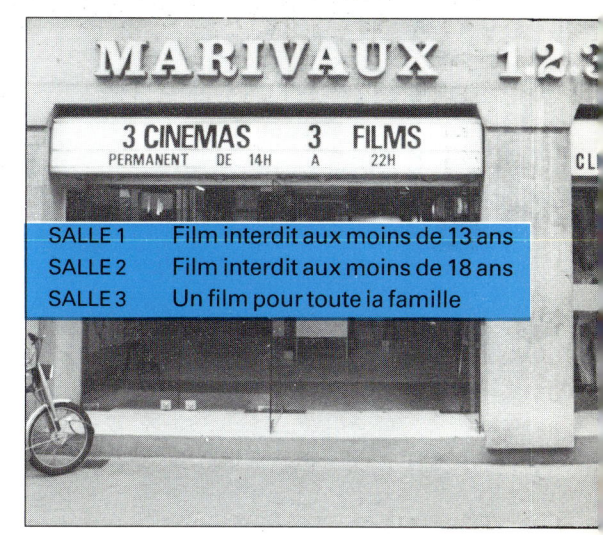

En France, certains films sont interdits aux mineurs, c'est-à-dire à tous ceux âgés de moins de dix-huit ans. Quelques autres films sont interdits seulement aux moins de treize ans.

ATTENTION!
Avis aux voyageurs
Il est absolûment interdit de faire entrer ou de sortir de France
- les stupéfiants
- les armes à feu (autres que de sport ou de chasse)
- les feux d'artifice

Il est interdit aux moins de dix-sept ans de rapporter en France
- du tabac
- des boissons alcoolisées

pas d'entrée pour les deux-roues

SORTIE des CHARIOTS INTERDITE en DEHORS du PARKING

Arrêté Municipal du 13 Avril 1983
STATIONNEMENT INTERDIT AUX NOMADES, CAMPEURS ET CARAVANES

ZONE BLEUE DISQUE OBLIGATOIRE

DÉFENSE DE FUMER TOUS FEUX INTERDITS — SANCTIONS —

CHANTIER INTERDIT AU PUBLIC

R A l'écoute
Ecoutez la conversation à la douane.
Répondez aux questions enregistrées.

Qui? Où? Quand?

Vous avez bien compris tous ces renseignements? Avec un partenaire, posez des questions au sujet des réglementations ci-dessus. Employez les expressions dans les cases pour vos questions et vos réponses.

Est-il permis de . . . ?	On doit . . .	On ne peut pas . . .
Est-il interdit de . . . ?	Il faut . . .	On n'a pas le droit de . . .
Est-il obligatoire de . . . ?	Il est obligatoire de . . .	Il ne faut pas . . .
Est-ce qu'il faut . . . ?		
Est-il nécessaire de . . . ?		On a le droit de . . .
		On peut . . .
		Il n'est pas nécessaire de . . .

2 moi et toi

Au Foyer, les stagiaires qui viennent d'arriver font la connaissance des membres de la bande.

Bonjour! Je m'appelle Paul. Et toi?

Moi, c'est Nicole.

Tu es française?

Oui, bien sûr. D'où tu viens? Tu es anglais?

Je viens de Londres. Oui. Tu as jamais été en Angleterre?

J'ai passé trois semaines près de York l'année dernière. C'est ta première visite en France?

Non, j'ai passé un mois à Orléans il y a deux ans.

Tu parles très bien le français. Voilà pourquoi!

Tu habites ici?

Oui, j'habite ici depuis trois ans.

Tu as quel âge, toi?

J'ai seize ans. Et toi?

Je viens de passer mes dix-sept ans.

R A l'écoute

Ecoutez les autres conversations entre les jeunes habitants de Vergy et les visiteurs. Notez les détails personnels des stagiaires.

	Anne	Carl	Christine	Nico
Age				
Nationalité				
Ville				
Visites en France				

Recopiez cette fiche pour vos réponses.

Travail en groupe (quatre ou cinq personnes)
1. Chaque membre du groupe joue le rôle d'un stagiaire ou d'un habitant de Vergy, en se servant des détails donnés.
2. Chaque membre du groupe invente un autre personnage – un visiteur ou un habitant, en se servant des idées ci-dessous. A tour de rôle, posez des questions pour découvrir tous les détails de ces personnages.

A écrire Ecrivez cinq phrases au sujet d'un des personnages.

| Je suis | anglais(e) écossais(e) gallois(e) irlandais(e) | J'habite | en . . . à . . . tout près de . . . pas loin de . . . | Je ne suis jamais allé J'ai passé quelques jours | en . . . à . . . |

à écrire

Les droits des jeunes en France

● Scolarité obligatoire de 6 à 16 ans. (On a la possibilité d'entrer à la maternelle dès deux ans.)
● Les moins de 16 ans ne peuvent pas avoir un emploi payé, même à temps partiel, sauf en période de vacances pour les plus de quatorze ans. (C'est-à-dire qu'il est absolûment défendu aux moins de quinze ans d'avoir un boulot, même pendant les vacances.)
● On peut conduire un cyclomoteur, avec pédales, sans permis, dès l'âge de 14 ans.
● On ne peut pas conduire une voiture avant l'âge de 18 ans.
● A quinze ans, on a besoin de son propre passeport pour voyager à l'étranger (sauf dans certains pays de la C.E.E.).
● A l'âge de dix-huit ans, les Français deviennent des adultes. Ils ont le droit de voter, mais les garçons sont obligés de faire leur service militaire. Les jeunes filles ont la possibilité de faire un service volontaire. (Quelques-unes choisissent de devenir des gendarmes.)

Travail à deux

A tour de rôle, posez des questions l'un à l'autre au sujet des lois françaises et des droits des jeunes en France.

A quel âge a-t-on le droit de . . . ?
Qu'est-ce qu'un garçon doit faire dès l'âge de . . . ?

Est-il permis aux moins de quinze ans de . . . ?
Est-il possible pour une fille de . . . ?

Guide Chez Nous

Ecrivez un guide pour un jeune visiteur français des lois et des droits des jeunes chez nous.
Si vous n'êtes pas sûr de quelques détails, demandez au professeur de vous aider. Voici des idées:

Est-il	permis défendu interdit	aux 14–16 ans aux moins de 18 ans à tout le monde	d' de	entrer dans un 'pub' conduire un vélomoteur une moto une voiture acheter des cigarettes
	possible obligatoire nécessaire utile	pour un jeune		avoir une carte d'identité avoir un emploi payé voir un film pour adultes se marier

Dessinez des pancartes pour votre salle de classe.

DANGER! Prof Méchant

ENTRÉE INTERDITE AUX PLUS DE 16 ANS

3 Au boulot

In this lesson you will learn
how to use *lui*, meaning *(to) him, (to) her*
how to use *leur*, meaning *(to) them*
how to use *me*, *te*, *nous*, *vous*, meaning *(to) me*, etc.
how to talk about spare-time jobs

LE MICROMARCHE 4S
Cherche garçon/jeune fille
(avec mob/moto)
pour petites livraisons
se présenter 14H-21H,
sauf lundi

C'est Mme Fournier. Tu as oublié de lui livrer du café.

Je vais demander à Jacques de lui livrer son café.

Vous ne m'avez pas envoyé d'œufs!

C'est M. Garant. Tu peux lui livrer des œufs?

Tout de suite, monsieur.

Au revoir, Jacques! Tu peux nous donner un coup de main samedi?

D'accord, madame.

R Introduction

Jacques est un garçon sérieux et dynamique. Il aime travailler pour gagner de l'argent. Ça lui permet d'acheter les choses qu'il veut. Il a déjà gagné assez d'argent pour s'offrir une moto, en travaillant pendant les grandes vacances.

Maintenant il continue de travailler le weekend, après les cours et les jours de congé, pour payer l'essence et l'huile.

Quand les commerçants de la ville cherchent quelqu'un pour leur donner un coup de main, c'est toujours Jacques qui se présente le premier.

En ce moment, il aide M. Bougnat, propriétaire du Micromarché des Quatre Saisons à faire ses livraisons.

De quoi s'agit-il?

1 Pourquoi est-ce que Jacques travaille?
2 Comment a-t-il pu s'offrir une moto?
3 Qu'est-ce qu'un emploi lui permet de faire?
4 Quand est-ce que Jacques travaille?
5 A qui est-ce qu'il donne un coup de main?
6 Qu'est-ce que Jacques va faire pour M. Bougnat?

Comment le dire en français?

1 turns up first
2 give them a hand
3 gives him the chance
4 after school

® Conversations

A. *Mme Fournier téléphone à Mme Bougnat. M. Bougnat a oublié de lui livrer du café.*

MME BOUGNAT	Mme Fournier vient de me téléphoner. Tu as oublié de lui livrer du café.
M. BOUGNAT	Mais je lui ai livré un gros sac de provisions.
MME BOUGNAT	Quand même, il faut lui envoyer du café tout de suite.
M. BOUGNAT	Alors, je vais demander à Jacques de passer chez Mme Fournier.
JACQUES	D'accord. Donnez-moi le café, monsieur.

Vrai ou faux?
M. Bougnat a envoyé un gros sac de sucre à Mme Fournier.
Mme Bougnat vient de téléphoner.
Jacques va livrer du sucre chez Mme Fournier.

B. *Un groupe de jeunes Belges font du camping près du Micromarché. Ils ont demandé aux Bougnat de leur livrer des provisions.*

MME BOUGNAT	Tu as la liste des choses pour les Belges, Jacques?
JACQUES	Oui, madame. J'ai mis tout ce qu'il leur faut dans ces deux grandes boîtes.
MME BOUGNAT	M. Bougnat va les livrer dans la camionnette.
M. BOUGNAT	Donne-moi un coup de main pour les charger.
MME BOUGNAT	N'oublie pas, chéri, on va leur envoyer aussi des verres pour leur surboum, n'est-ce pas?
M. BOUGNAT	Bon, mais ils doivent les rendre demain. M. Garant m'a demandé de lui prêter tous les verres pour le mariage de sa fille.
MME BOUGNAT	Jacques, tu peux nous donner un coup de main samedi?
JACQUES	D'accord, madame.

4 kgs sucre
5 kgs farine
1 kg. café
½ kg. thé
bouteille d'huile
20 boîtes de bière
2 kgs beurre
4 fromages

Corrigez
Les Belges ont livré des provisions à M. Bougnat.
M. Bougnat va emprunter des verres aux campeurs.
Jacques va donner un coup de main aux Bougnat dimanche.

® Ecoutez bien

Ecoutez la conversation entre la jeune fille et le commerçant. Répondez aux questions.

1. Why did the girl telephone?
2. Has she a moped?
3. Can she work in the evenings?
4. When can't she work?
5. Does she get the job?

camembert
60 œufs

A écrire

M. Bougnat a écrit une note pour se rappeler tout ce qu'il doit faire. Mais il a déchiré la note. Recopiez-la pour lui. N'oubliez pas les fleurs pour l'anniversaire de Mme Bougnat.

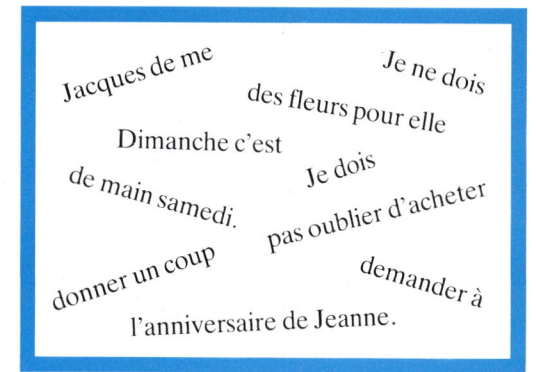

Jacques de me
Je ne dois
des fleurs pour elle
Dimanche c'est
de main samedi.
Je dois
pas oublier d'acheter
donner un coup
demander à
l'anniversaire de Jeanne.

pratique 3

Using *lui* to mean *(to) him, (to) her*

| Tu as téléphoné | à | M. Garant? | | Oui, je | lui | ai téléphoné ce matin. |
| | | Mme Ducros? | ? | Non, je vais | | téléphoner ce soir. |

Using *leur* to mean *(to) them*

| On va donner un cadeau | aux nouveaux-mariés? | D'accord, on pourrait | leur | offrir des verres. |

Using *me, te, nous, vous*

| Vous pouvez | me | prêter dix francs? | Je viens de | vous | donner vingt francs. |
| Tu as demandé de l'argent | à tes parents? | Non, ils | m' | ont emprunté de l'argent hier. |

A.

1. Who's borrowed what from Brigitte?

exemple
Nicole lui a emprunté de la colle.

2. What did they ask?

exemple
Nicole a demandé: «Tu peux me prêter de la colle?»

3. What did they say later?

exemple
Nicole a dit: «Je dois te rendre ta colle.»

Nicole — de la colle
1 Jacques — une calculatrice
2 Line — un feutre
3 Alain — un sac
4 Sandrine — une gomme
5 Christophe — des disques

B.

1. What has M. Bougnat delivered to his customers? What's he forgotten?

exemple
M. Bougnat est passé chez Mme Fournier. Il lui a livré des œufs, mais il a oublié de lui apporter du sucre.

Mme Fournier: 2 douzaines d'œufs
1 Dr. Lenoir: 500 g. de thé
2 Les Ecossais au camping: 5 litres de vin rouge
3 M. et Mme Boulin: 10 kgs. de pommes de terre
4 M. Dupays: 250 g. de café
5 Mlle Poileau: 1 paquet de sel

2 kgs. de sucre
1 1 paquet de biscuits
2 5 litres de vin blanc
3 5 kgs. d'oignons
4 1 bouteille d'huile
5 500g. de fromage

2. What did they say about it?

exemple
«Vous ne m'avez pas donné de sucre.»
«Je m'excuse, madame. Je vous envoie du sucre tout de suite.»

débrouillez-vous

Les jeunes travaillent

Bonjour tout le monde. Je m'appelle Nicole. J'ai seize ans et j'habite à Vergy. J'aime les activités du Centre des Quatre Saisons, mais on a besoin d'argent pour participer. J'essaie donc de gagner de l'argent en faisant un boulot pendant mes heures libres.

Comme j'ai seize ans, j'ai le droit d'avoir un emploi pendant l'année scolaire. En principe, il est interdit aux moins de seize ans d'avoir un emploi, même à temps partiel, pendant l'année. Il leur est permis d'avoir un boulot pendant les vacances. Mais, quand même, si on donne un coup de main, et les gens qu'on aide vous donne quelque chose pour vous remercier, ça va, n'est-ce pas?

Moi, je travaille quelquefois dans une grande surface et, surtout pendant les vacances, je travaille au Centre. Je fais la vaisselle, je range les chambres, je balaie les salles de classe, enfin je fais un peu de tout.

? A tour de rôle, posez des questions l'un à l'autre au sujet de la photo et de l'histoire de Nicole.

Sandrine is just as interested in earning money. Here's the advert she put up in the local shops: ▶

Jeune fille sérieuse veut emploi comme garde-enfants sait faire cuisine/ménage — téléphoner

She got quite a lot of replies to her advert. Here's a list of the jobs she did last week: ▶

lundi	mercredi	vendredi
Chez les Leloup garder 2 enfants 20h–23h 20F	Chez Dr. Lenoir faire vaisselle 21h–22h 15F	Chez les Garnier garder Mireille 19h–24h 25F

Travail à deux
Jouez les rôles de Sandrine et Nicole.
Nicole demande à Sandrine ce qu'elle a fait la semaine dernière:
«Qu'est-ce que tu as fait lundi?»
«Combien tu as gagné?»
«Combien de temps tu as passé chez les Garnier?»

R A l'écoute
Listen to the telephone conversations to find out what Sandrine's going to be doing next week. She's going to work for the same people, but on different days and at different times. Write out next week's jobs in the same way as last week's.

mardi	jeudi	samedi

23

moi et toi

3

- Je vais donner un coup de main au garage.
- Mon boulot à la grande surface me permet de m'offrir des sorties.
- Moi, je n'ai pas le temps d'avoir un emploi. J'ai trop de devoirs.
- Toi, tu es paresseux. Tu ne fais jamais tes devoirs!
- Et tu me demandes tout le temps de te prêter de l'argent.

Pourquoi travailler pendant son temps libre?	Quelques raisons de ne pas avoir un boulot
Je voudrais faire du ski, voyager à l'étranger, sortir avec les copains. J'aime avoir des vêtements dans le vent. Je vais m'offrir un vélo de course, un vélomoteur, une chaîne stéréo. Je n'aime pas demander de l'argent à mon père.	Moi, je préfère me reposer après les cours. Je joue au football le samedi matin. Il est trop difficile de trouver un boulot. Mes parents ne me permettent pas d'avoir un emploi. Je n'ai pas envie d'avoir des jouets et des gadgets. Je n'ai pas le temps, j'ai trop de devoirs.

R A l'écoute

Ecoutez les interviews. Faites des notes au sujet de ces jeunes:
Jacques   Christophe   Line   Sandrine

Est-ce qu'ils ont un emploi?   Quand est-ce qu'ils travaillent?

- Le samedi?
- De temps en temps?
- Régulièrement?
- Jamais?
- Pendant les vacances?
- Après les cours?

Travail à deux

1. Jouez les rôles du reporter et du garçon ou de la jeune fille.

Le reporter	Garçon/Fille
Est-ce que vous avez la possibilité de gagner de l'argent?	Say that you earn money sometimes.
Où est-ce que vous travaillez?	Say that you work at the supermarket.
Vous travaillez pendant les vacances ou pendant l'année scolaire?	Say that you sometimes work on Saturdays during the school year, but that you don't work during the holidays.
Avez-vous travaillé samedi dernier?	Say you worked for two hours in the morning.

2. Changez de rôle et changez les réponses. Servez-vous des idées et des phrases ci-dessus.

3. Et vous? Est-ce que vous avez un emploi payé? Répondez aux questions de votre partenaire.

à écrire

Un accident

Jacques fait des livraisons pour M. Bougnat, quand il rencontre son ami, Christophe, devant un immeuble. Christophe veut essayer la moto de Jacques. Jacques lui permet de monter, mais il lui défend de démarrer. Jacques entre dans l'immeuble. A cet instant, Sandrine arrive...

Dis donc, c'est à toi, Jacques? Je peux l'essayer?

D'accord, tu peux monter, mais ne pars pas. C'est défendu!

A. Ecoutez l'histoire de l'accident.

B. Répondez aux questions.
1. Qu'est-ce que Christophe fait?
   Que font les copains?
2. Qu'est-ce que Jacques ne trouve pas quand il sort?
   A qui est-ce qu'il parle d'abord?
   Qui a vu les deux copains?
   Où est-ce qu'ils sont partis?
3. Où vont Jacques et l'agent?
   Qu'est-ce qu'ils voient quand ils arrivent?
4. Qu'est-ce qu'il y a par terre?
   Que dit le marchand?
5. Qui est très fâché?
   Qui doit laver le cyclomoteur?
6. Qu'est-ce que Jacques n'a pas fait?
   Qu'est-ce que les deux copains doivent faire?

Expressions utiles

essayer de	abîmé(e)(s)
réussir à	faire les commissions
démarrer	dire à...de...
aller chercher	demander à...de...
à toute vitesse	permettre à...de...
par terre	défendre à...de...
couvert de	
étalages renversés	
payer les marchandises	

C. Racontez l'histoire du point de vue de Jacques, de Sandrine ou de l'agent.

D. Ecrivez six courts dialogues, un pour chacun des dessins.

4 Une journée au Centre

In this lesson you will learn
how to use the verbs *dormir* (to sleep, to be asleep) and *s'endormir* (to go to sleep)
how to ask about when things happen, how often they happen and how long they take

RENSEIGNEMENTS

LA STATION DU CENTRE DES QUATRE SAISONS
C'EST VOTRE STATION !
RADIO 4S

★ *Renseignez-vous en écoutant nos annonces*

★ *Détendez-vous en écoutant les vingt premiers de notre hit-parade*

★ *Amusez-vous en écoutant nos blagues*

Adressez-vous à Brigitte pour tous renseignements.

> Dis, Bernard! A quelle heure on déjeune?

> On peut se baigner avant les cours?

> Il y a une disco ce soir, après le dîner?

> Il faut écouter Radio 4S pour vous renseigner!

R Introduction

Radio 4S, la station du Centre, commence ses émissions à sept heures du matin avec un réveil en musique pour tout le monde.

C'est Brigitte qui se charge des émissions de Radio 4S. Elle doit donc se lever très tôt quand elle est de service. Elle se réveille à six heures et demie. Elle prend une douche si elle en a le temps, et elle met un jean ou une salopette avant de descendre à la cantine pour prendre un café.

Elle a juste le temps de s'installer devant le micro et de passer un disque pour réveiller tout le monde à sept heures précises. Elle lit tout de suite les annonces du jour.

De quoi s'agit-il?

1 A quelle heure est-ce que Brigitte se lève, en principe?
2 Qu'est-ce qu'elle fait, si elle en a le temps?
3 Comment est-ce que Brigitte s'habille d'habitude?
4 Qu'est-ce qu'elle fait pour réveiller tout le monde?
5 Qu'est-ce qu'elle lit?

Comment le dire en français?

1 the top twenty
2 canteen
3 the day's notices
4 enjoy yourselves
5 on duty

® Conversations

A. *A sept heures et demie les moniteurs montent aux dortoirs pour s'assurer que tous les stagiaires se sont levés.*

BERNARD	Bonjour, les garçons. Bien dormi, tous?
JEAN-PIERRE	Oh, quel bruit! Laisse-moi dormir!
BERNARD	Allons, lève-toi. Il est sept heures et demie passées. Le petit déjeuner est servi.
JEAN-PIERRE	Ah, zut alors! Je dors encore.
BERNARD	Et Charles? Il dort aussi?
CHARLES	Non, j'arrive. Oh, je ne suis pas monté au dortoir avant deux heures du matin!
BERNARD	Tant pis! Il faut te lever tout de même!

Vrai ou faux?
Le petit déjeuner est servi à partir de sept heures et demie.
Charles est monté au dortoir avant deux heures.
Jean-Pierre dort toujours.

B. *C'est Marie-Paule qui s'occupe des jeunes filles le matin. Il y en a toujours quelques-unes qui veulent se rendormir.*

MARIE-PAUL	Alors, les filles! Bonjour! Il est l'heure de vous lever.
CAROLE	Oh, ne me dérange pas, Marie-Paule. Je veux dormir jusqu'à midi.
MARIE-PAULE	Si tu descends en retard, tu vas t'expliquer avec ton professeur. Allons, dépêche-toi.
CAROLE	Mais les autres, elles dorment encore.
MARIE-PAULE	Pas vrai! Elles sont déjà descendues.

Corrigez
Carole veut se lever.
Elle doit dormir jusqu'à minuit.
Les autres filles dorment encore.

® Ecoutez bien

Ecoutez les annonces de Radio 4S. Ensuite, dites à Carole les heures des repas et des cours. Elle ne se rappelle jamais les détails du programme.

- Le déjeuner est à 6 heures?
- La disco est ouverte pendant le dîner?
- Les cours commencent à 10 heures?
- On peut jouer au ping-pong jusqu'à minuit?
- On doit se coucher à 9 heures?

A écrire

jusqu'à	entre
à partir de	presque
pendant	

Complétez les phrases en vous servant des mots dans la case.
1 Le petit déjeuner est servi . . . 7h.30 du matin.
2 On peut nager . . . dix heures du soir.
3 Il y a une disco . . . tous les soirs.
4 La bibliothèque est fermée . . . les repas.
5 Le silence est obligatoire . . . minuit et 6h.30.

pratique

to sleep, be asleep		
Line Alain	dort	très bien. en classe. toute la nuit. trop.
Je Tu	dors	
Nous	dormons	
Vous	dormez	
Hier, j'ai dormi jusqu'à midi.		

to go to sleep		
Je	m'	endors	pendant les annonces. après le repas du soir. à minuit.
Tu	t'		
Brigitte	s'	endort	
Jean ne			jamais avant deux heures.
Line va s'endormir tout de suite.			

A. M. Pagnol dort beaucoup.

exemple Lundi il s'endort à minuit. Il se réveille à 6h. Il dort six heures.

lundi	mardi	mercredi	jeudi	vendredi	samedi	dimanche
2400	2300	2230	2200	2145	2115	1930
0600	0630	0700	0715	0730	0745	0900
six	Et les autres jours, combien d'heures est-ce qu'il dort?					

B. Enquête sur le sommeil

1. Répondez aux questions.

1 Vous avez besoin de dormir combien d'heures par nuit, en moyenne?
2 Vous dormez bien quand il fait chaud? Ou quand il fait frais?
3 Vous dormez avec la fenêtre ouverte ou fermée?
4 Vous avez envie de dormir quelquefois pendant la journée?
5 Est-ce que vous dormez toujours bien?
6 Combien d'heures avez-vous dormi hier?
7 A quelle heure est-ce que vous vous endormez d'habitude?

2. Maintenant dressez votre propre liste de questions à poser à vos camarades de classe au sujet de leurs habitudes de tous les jours.

exemples
A quelle heure est-ce que tu te lèves – d'habitude – en fin de semaine?
Combien de temps est-ce que tu passes à te laver, à t'habiller, etc.?
Est-ce que tu te couches plus tard pendant les vacances?
Est-ce que tu as besoin d'un réveil pour te réveiller?

C. Serge passe une quinzaine au Centre. Qu'est-ce qu'il écrit à ses parents? Servez-vous des mots à droite.

Je ___ bien ici, mais je n'aime pas ___ à six heures et demie. Je dois ___ à cette heure parce que je ___ le premier. Les autres garçons ___ tous les jours. Moi, je n'ai pas besoin de ___ même une fois par semaine! Les cours ne sont pas vachement intéressants, mais je ne ___ pas trop. Le soir, nous ___ à jouer au ping-pong. On doit ___ avant onze heures, et moi, je ___ tout de suite.

m'endors
se rasent
me réveille
me laver
se coucher
m'amuse
me raser
nous amusons
m'embête
me lever

débrouillez-vous

Le rythme de la vie

De nos jours, le rythme de la vie est assez pressé pour les jeunes Français comme pour tout le monde. Par exemple, la possibilité de rentrer à la maison à midi pour un grand déjeuner en famille n'existe plus pour les habitants des grandes villes. Autrefois, tout le monde préféraient déjeuner en famille.

Pourquoi un tel changement d'habitudes?
C'est à cause des difficultés des trajets et du coût élevé des autobus et de l'essence. D'ailleurs, beaucoup de jeunes Français préfèrent rester au collège ou au lycée pour déjeuner à la cantine avec leurs copains.

Quel est le rythme de vie idéal d'un collégien?
A treize ou quatorze ans, on a besoin de dix heures de sommeil. En fait, un jeune Français ne dort en moyenne que huit heures et demie. On devrait avoir aussi huit heures de loisirs. (Les collégiens français ont au plus sept heures et demie, dont une heure et demie de trajet.) Les jeunes Français ont jusqu'à dix heures de travail scolaire, au lieu des six heures recommandées.

How much of the information in the article on the left have you understood?
1 What used to happen at midday?
2 How has this changed in cities?
3 What caused the change?
4 What do some young French people think of this?
5 How much sleep ought a 13 year old to have each night?
6 How long do French 14 year olds sleep, on average?
7 How long do they take to get to and from school?
8 What is the recommended length of time to be spent on school work?

What other facts about time spent on different activities can you discover from the article?

R **A l'écoute**
Ecoutez l'interview avec Claudine.
Ensuite, répondez aux questions 1–5.

? Travaillez avec un partenaire. A tour de rôle, posez des questions l'un à l'autre au sujet de la photo ci-dessus et du rythme de la vie chez vous.
exemples
Est-ce que tu prends le déjeuner à la maison ou à l'école?
Combien d'heures de sommeil as-tu par nuit?

moi et toi

J'en ai pour quatre heures avec ces devoirs!

Tu fais tes devoirs avant ou après le souper?

Moi, je fais les devoirs en regardant la télé!

Moi, je fais mes devoirs le matin. Je suis toujours crevé le soir.

Je fais les devoirs au café avec les copains.

Moi, je dois être seule. Je ne peux pas travailler en groupe.

Comment est-ce que les jeunes passent leurs soirées?

	Fabienne	Luc	Dominique
A la sortie des classes	chez ma copine, Lucie, pour un café	au café, on fait les devoirs ensemble	à la bibliothèque
Heures de trajet	un quart d'heure de marche	cinq minutes en mob	une demie-heure d'autobus
Heure de rentrée à la maison	vers 18h.30	19h. passées	18h.
Heures de devoirs	2 à 3, je les fais avant le dîner, si je peux	2 heures, en général, en coopération!	3½h.
Détente et autres activités	si j'ai le temps, je lis avant de me coucher	je sors au Foyer jouer au ping-pong	je travaille dans l'épicerie de mes parents
Repas du soir	en famille, à 20h. Ça dure deux heures!	je le prépare moi-même	on le prend sur le pouce
Heure de se coucher	23h., en principe	minuit	22h.30

R Ecoutez la conversation enregistrée et faites des notes comme pour les autres personnes.

Travail à deux
A tour de rôle posez des questions au sujet des habitudes des jeunes mentionnés ci-dessus.
Ecrivez cinq phrases au sujet d'une de ces personnes.

exemples
Quand elle sort du collège, Fabienne va chez sa copine, Lucie.
Elle a un quart d'heure de marche pour rentrer à la maison.

Le jeu des rôles   Jouez le rôle de Jean-Philippe.

Edwige	Jean-Philippe
Tu viens à la bibliothèque ce soir?	Say you're going to the café.
Qu'est-ce que tu vas faire après?	Say you're going home on the bus.
Tu as beaucoup de devoirs pour demain?	Say you've got a French essay.
Moi aussi, je dois faire cette rédaction.	Suggest working together at the Foyer.

à écrire

Une journée au Centre 4S

Voici l'horaire d'une journée typique au Centre des Quatre Saisons.

Jean-Pierre fait toujours exactement ce qu'il doit faire. Ecrivez l'histoire de sa journée.

Suzanne ne fait jamais ce qu'elle doit faire. Elle est toujours en retard, ou elle sèche les cours. Ecrivez l'histoire de sa journée de son point de vue.

Centre des Quatre Saisons

6h30 à 7h	Entraînement gymnastique pour les enthousiastes
7h	Heure de se lever pour les paresseux
7h30 à 8h	Petit déjeuner
8h30	Départ en minibus des groupes à destination du Centre d'études
9h	Commencement des cours en labo
10h30 à 11h	Pause-café
12h30	Rentrée pour le déjeuner
	Le déjeuner est servi à partir de 12h30 jusqu'à 14h.
14h	Deux heures de laboratoire, de bibliothèque ou de travaux en plein air
16h	Préparation des dossiers, études personnelles
19h	Dîner
20h	Film ou discours
22h	Temps libre
	La Cave est ouverte à partir de 22h pour discos, concerts, jeux et autres animations.
24h	Silence obligatoire jusqu'à 6h du matin

Guide Chez Nous

A group of French *collégiens* is going to visit your school. Write a letter to let them know what time things happen. Make up a timetable as above, with extra explanatory notes to warn them about things which might change from day to day.

Use this table to check that you've explained all they need to know:

at what time	A ... heures du matin, de l'après-midi, du soir
in what order	avant après pendant entre à partir de ... jusqu'à
how often	tous les jours quelquefois de temps en temps
except	sauf si (s'il pleut) quand en cas de
what must, mustn't, can be done	il est interdit/permis/obligatoire/nécessaire/possible de

5 Où habitez-vous?

In this lesson you will learn
how to talk about where you were born and where you come from
how to talk about where you live
how to use facts and figures about places

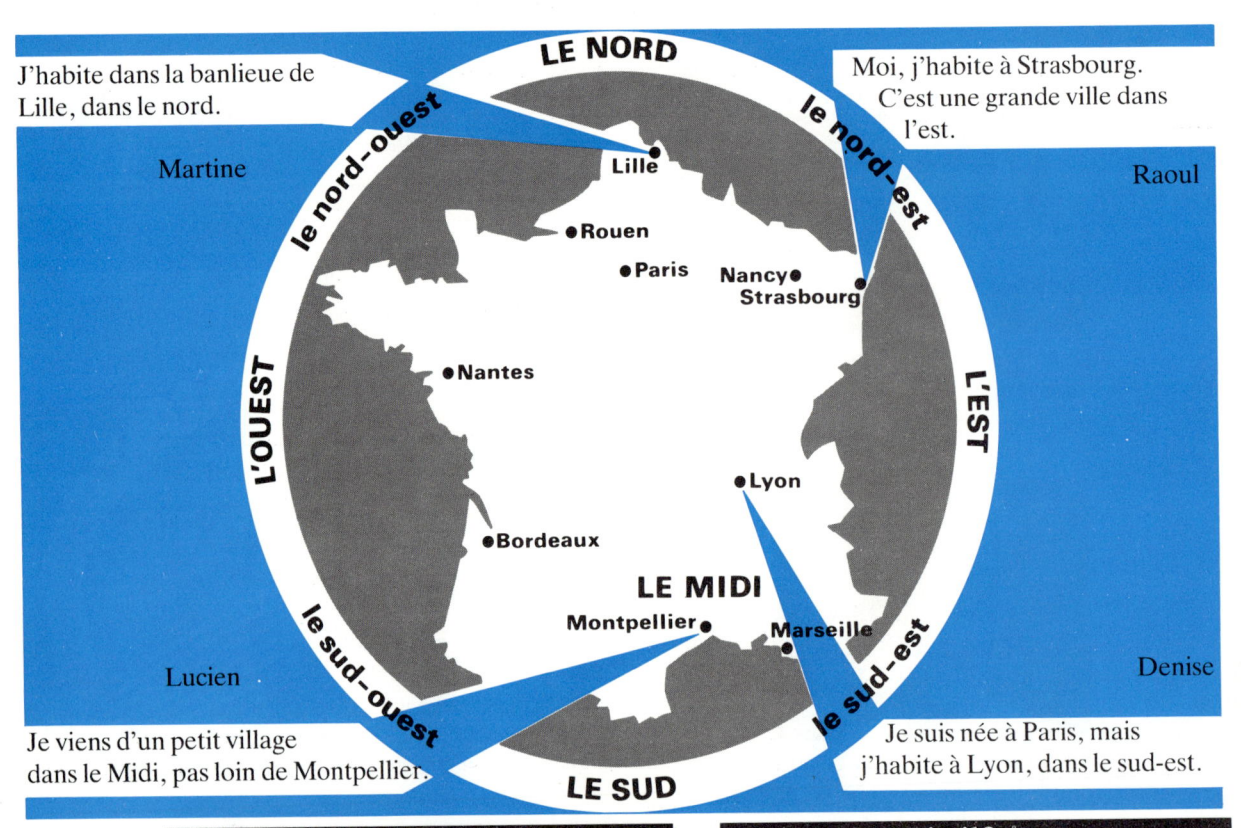

J'habite dans la banlieue de Lille, dans le nord.
Martine

Moi, j'habite à Strasbourg. C'est une grande ville dans l'est.
Raoul

LE NORD • le nord-ouest • le nord-est • L'OUEST • L'EST • le sud-ouest • le sud-est • LE SUD • LE MIDI

Lille • Rouen • Paris • Nancy • Strasbourg • Nantes • Lyon • Bordeaux • Montpellier • Marseille

Je viens d'un petit village dans le Midi, pas loin de Montpellier.
Lucien

Je suis née à Paris, mais j'habite à Lyon, dans le sud-est.
Denise

R Introduction

Au Centre des Quatre Saisons, c'est le premier soir d'un stage de géographie pour collégiens. Quatre des stagiaires parlent avec les jeunes de la localité dans le Foyer.

Le Centre est situé dans l'ouest de la France, à quelques kilomètres de la mer. Pour Raoul, qui habite à Strasbourg, dans l'est de la France, c'est sa première visite à l'ouest. Denise, qui habite près de Lyon, dans le sud-est, voyage souvent avec ses parents.

Martine vient d'une ville moyenne dans le nord, à dix kilomètres à l'est de Lille; Lucien habite dans un petit village aux environs de Montpellier dans le Midi.

De quoi s'agit-il?

1 Où se trouve Strasbourg?
2 Est-ce que Paris est près de la mer?
3 Est-ce que Montpellier est dans le nord?
4 Où est-ce que le Centre des Quatre Saisons est situé?
5 Qui habite près d'une grande ville dans le nord?
6 Qui est né à Paris?

Comment le dire en français?

1 in the south-east of France
2 to the east of Lille
3 in the suburbs of Lyon
4 in the neighbourhood of Montpellier
5 in the south of France

R Conversations

A. *Raoul habite à Strasbourg, grande ville sur le Rhin.*

Raoul parle avec Sandrine et Nicole dans le Foyer du Centre.

RAOUL	Dis, tu es d'ici?
SANDRINE	Je viens de Lyon, mais j'habite ici depuis quelques mois.
RAOUL	Et toi, tu habites ici aussi?
NICOLE	Oui, moi je suis née ici. Tu viens d'où, toi?
RAOUL	Je viens de Strasbourg, dans l'est.

Vrai ou faux?
Sandrine habite à Lyon.
Raoul vient de Strasbourg.
Nicole est née près de Lyon.

B. *Lille est une autre grande ville, avec deux cent mille habitants.*

Alain parle à Martine, Lucien et Denise.

ALAIN	Dis, Martine, c'est comment, Lille?
MARTINE	Oh, tu sais, c'est une grande ville de deux cent mille habitants.
LUCIEN	Tiens! Mon village a deux cents habitants!
DENISE	Où habites-tu exactement, Lucien?
LUCIEN	A dix kilomètres au nord-est de Montpellier.
DENISE	Ma tante habite tout près de Montpellier. Je passe les vacances chez elle.

Corrigez
Lille est un petit village.
Lucien habite dans une grande ville.
Denise passe les vacances près de Lyon.

C. *Denise habite dans un nouveau quartier de Lyon.*

Denise et Sandrine parlent ensemble.

DENISE	Tiens, tu viens de Lyon, toi? Moi aussi.
SANDRINE	Où tu habites exactement, dans le centre de la ville?
DENISE	Non, j'habite dans un nouveau quartier à cinq kilomètres du centre.
SANDRINE	Ma grand-mère habite dans le vieux quartier.

R Ecoutez bien

Ecoutez la conversation entre Sandrine et Marc, un autre stagiaire. Complétez les réponses de Marc aux questions que Sandrine lui pose:
1 . . . près de Nantes.
2 Il y a . . . habitants.
3 . . . centre de la ville.

A écrire

est situé
de la ville
suis né
depuis deux ans
de la mer
une ville

Complétez ces phrases en vous servant des expressions dans la case à gauche:
1 Nancy est . . . . . . dans le nord-est de la France.
2 J'habite à trois kilomètres . . . .
3 Je . . . . . . pas loin de Paris, mais j'habite ici . . .
4 Le Centre . . . . . . pas loin . . . .

5 pratique

Talking about where people come from				
Bertrand	est	né	à	Lille.
Françoise		née	près de	Bordeaux.
Les Dulac	sont	nés	pas loin de	Paris.

Michel	est	né	au Canada.	Il	vient	du Canada.
Sylvie		née	aux Etats-Unis.	Elle		des Etats-Unis.
Marcel		né	en Corse.	Il		de la Corse.

A. Where were these people born?
exemple
M. Pinet vient de Toulouse.
Il est né à Toulouse.

1 Albert vient de Montpellier.
2 Yves et Marie viennent de Paris.
3 Claudine vient d'Annecy.
4 Hélène vient de Lyon.
5 Frédéric vient de Nantes.

B. Racontez ces histoires personnelles:
exemple
Martine 1969 Paris → Lille
Martine est née à Paris en mil neuf cent soixante-neuf. Maintenant elle habite près de Lille.

1 Charles 1970 Tours → Orléans
2 Thomas 1953 Perpignan → Toulouse
3 Thérèse 1948 Nancy → Metz
4 Thierry 1963 Mulhouse → Strasbourg
5 Danielle 1972 Nice → Cannes

Talking about places
Lyon est une grande ville de cinq cent mille habitants.
Lyon est situé dans le sud-est de la France, à quatre cent soixante kilomètres de Paris.

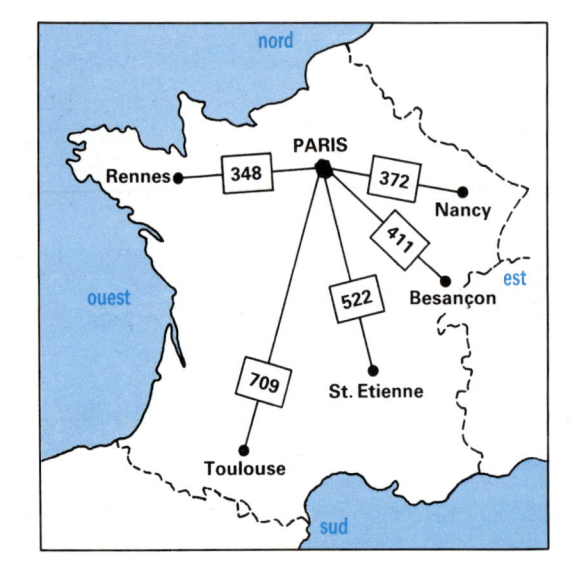

C. What can you say about these towns? Look at the map.

	Ville	Habitants
1	Nancy	110 000
2	Rennes	200 000
3	Toulouse	380 000
4	St-Etienne	220 000
5	Besançon	125 000

Expressions utiles

dans le centre   pas loin de

sur le Rhin/la Loire

débrouillez-vous

Régions et départements

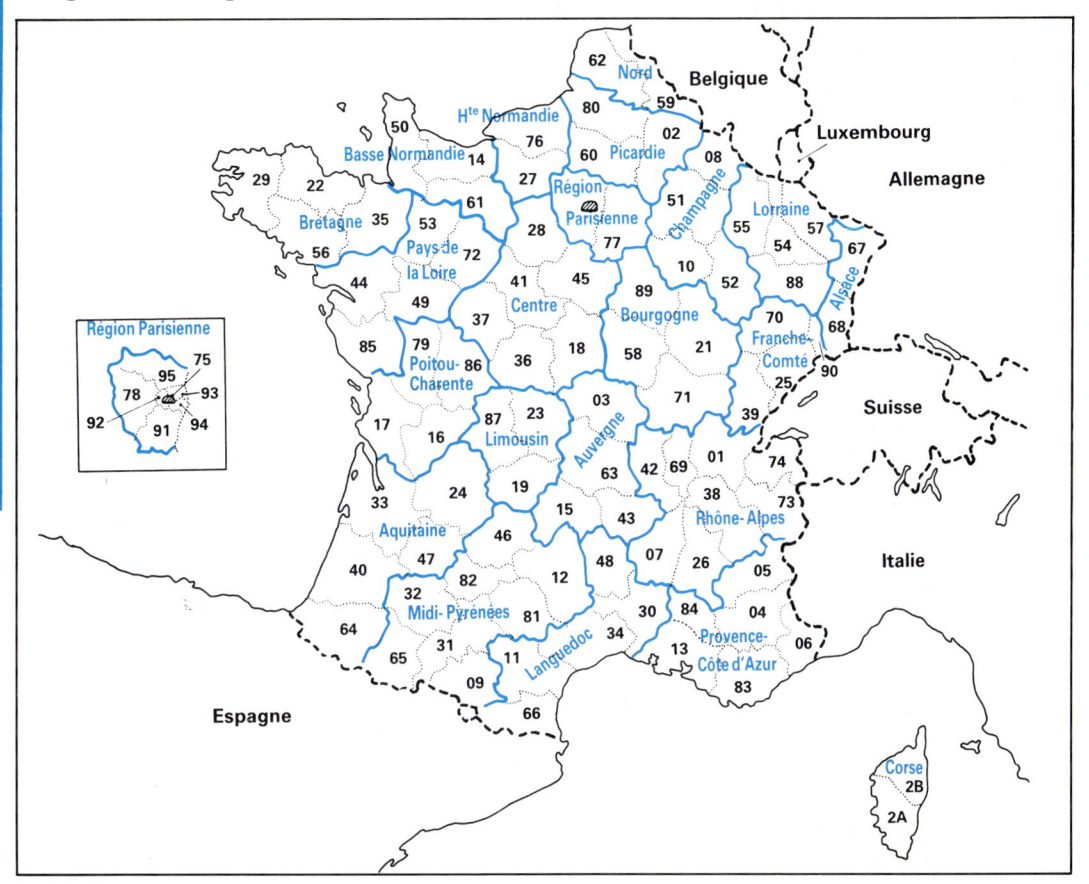

La France métropolitaine (y compris la Corse) est divisée en vingt-deux Régions et quatre-vingt-quinze Départements.

Les numéros des Départements (par ordre alphabétique) correspondent aux numéros d'immatriculation des voitures. Donc, si l'on connaît ces numéros, on peut trouver le département d'origine d'une voiture. Il s'agit des deux derniers chiffres du numéro. Par exemple, toutes les '75' viennent de Paris.

1638 ZD 75

R A l'écoute
Ecoutez l'émission de la police.

Quel est le département d'origine de la voiture que les agents cherchent? Est-ce qu'ils la trouvent?

On trouve aussi les numéros des départements sur les lettres:

a. sur les cachets

le numéro du département
le nom du département

Quel est le département d'origine de cette lettre?

b. comme les deux premiers chiffres du code postal

75288 PARIS

Voici une adresse à Paris.

1 How many *Régions* are there in France?
2 Are *Départements* larger than *Régions*?
3 Which island is included in *la France métropolitaine*?
4 What are the numbers of the *Départements* useful for?

5 moi et toi

> Tu es content d'habiter à la campagne?

> Moi j'aime bien. On s'amuse bien à la campagne.

> Pour moi, c'est super quand il fait beau, mais en hiver je préfère une grande ville.

> Je trouve que la vie d'ici est très agréable.

> Pour moi, c'est trop tranquille ici.

R A l'écoute

Ecoutez trois jeunes Français qui parlent de la localité où ils habitent au reporter de 'France-Vie'.

1. Faites des notes comme dans l'exemple:
2. Ecrivez quelques phrases comme dans l'exemple:

exemple

Louise habite aux environs de Magny. C'est un petit village dans l'Ardèche. Louise est assez contente d'habiter à Magny, mais elle trouve qu'il n'y a pas de distractions pour les jeunes.

Louise (Magny)   Victor (St-Jean)   Françoise (Villeroi)

Louise (Magny)
petit village – Ardèche
(10 kms Vallon)
150 habitants
assez contente
pas de distractions pour jeunes

Travail à deux

Le reporter de 'France-Vie' interviewe Thierry au sujet de la vie des jeunes chez lui. Jouez les rôles du reporter et de Thierry.

Le reporter	Thierry
Tu habites ici depuis longtemps?	Say that you were born here.
Tu trouves qu'il est agréable d'habiter ici?	Say that you are very happy living here.
Où tu habites exactement?	You live right in the centre, near the market.
Qu'est-ce que tu n'aimes pas?	There's no cinema.
Est-ce qu'il est possible de sortir le soir?	It's too dear to take the bus to the city.

Line te demande

Qu'est-ce que tu penses de ta ville ou de ton village?

à écrire

Le jeu des rôles
Répondez à un visiteur français qui vous pose des questions au sujet de votre localité.
exemples
Tu habites ici depuis longtemps?
Tu aimes habiter dans cette région?
Tu habites loin du collège?
Il y a des distractions pour les jeunes?
Il fait froid ici en hiver?
Il fait toujours frais ici?
Qu'est-ce qu'il y a d'intéressant pour un touriste?

Enquête
Faites une enquête: combien de vos camarades de classe aiment habiter dans cette localité? Combien préfèrent habiter dans le centre, dans la banlieue, dans un village, en pleine campagne, dans une ferme isolée?

Guide Chez Nous
Un groupe de collégiens français va visiter votre localité. Faites un guide de la région, en vous servant des idées et des expressions que vous avez apprises.
Il faut donner des détails:

Où?	dans quelle région du pays à quelle distance de la capitale, de la mer, des montagnes, etc.
Comment y arriver?	chemin de fer autoroute ou grande route aéroport port ou gare maritime
Qu'est-ce qu'il y a à faire?	distractions et visites touristiques théâtre cinéma musée zoo parc ou jardin public randonnées et excursions

Si vous espérez rendre visite à un correspondant, qu'est-ce que vous voulez savoir au sujet de sa localité? Ecrivez une lettre, dans laquelle vous posez toutes les questions nécessaires.

6 On s'est bien amusés

In this lesson you will learn
how to talk about personal activities and routines in the past
how to find out when things happen

Le Zoo Saute!
Ça boume au Foyer le 20 décembre
Disco Buffet
ATTENTION! On se déguise!
costumes, masques, têtes

Génial!

Mais comment trouver des costumes?

Tu viens à la disco, Jacques?

Je n'ai pas le temps.

Tu vas voir. Il vient!

Je m'embête aux discos.

Bon anniversaire, Jacques

Le prochain jour

On s'est bien amusés hier soir!

Ce n'était pas trop embêtant!

R Introduction

Décembre. C'est la saison des discos, des surprise-parties, des boums de toutes sortes. La bande des copains de Vergy va organiser une disco au Foyer. La disco va être aussi une surprise-partie pour Jacques; le vingt décembre c'est son anniversaire. Il n'en sait rien, car, comme d'habitude il travaille. C'est Alain qui se charge d'amener Jacques à la disco, mais comment? Jacques dit qu'il n'aime pas les discos, qu'il n'a pas le temps. A vrai dire, c'est que Jacques est très timide.

De quoi s'agit-il?

1 Quelle est la date de la disco?
2 Où est-ce qu'elle va avoir lieu?
3 Qu'est-ce qu'il faut porter pour être admis?
4 Qui ne veut pas aller à la disco?
5 Quelles raisons donne-t-il?
6 Qui se charge d'amener Jacques à la disco?

Comment le dire en français?

1 We're going to wear fancy dress.
2 to tell the truth

R Conversations

A. *La matinée du 20 décembre. Brigitte veut savoir si tout va bien pour la disco.*

BRIGITTE Dis, Philippe, tout va bien pour ce soir?
PHILIPPE Bien sûr, Brigitte, il reste seulement les décorations à finir. Sandrine et Line se sont chargées de tout ça.
BRIGITTE Et la musique?
PHILIPPE Nicole s'occupe de la disco. Elle a emprunté beaucoup de disques aux copains.
BRIGITTE Il y a assez à boire et à manger?
PHILIPPE Ne t'inquiète pas, Brigitte. Xavier s'est chargé des provisions et il y a des centaines de bouteilles de Coca et de Fanta.

Vrai ou faux?
Jacques s'est chargé d'organiser la disco.
Xavier s'est occupé des provisions.
Il y a du vin et de la bière à boire.

B. *Sandrine a passé la nuit chez Line après la disco. Hélène, la sœur de Line, entre vers onze heures du matin.*

HELENE Bonjour, Sandrine. Tu as bien dormi?
SANDRINE Oh oui, merci, Hélène. Je me suis endormie tout de suite.
HELENE Line ne s'est pas encore réveillée?
SANDRINE Si, elle s'est levée à neuf heures pour préparer du café, mais elle s'est recouchée!
HELENE Tu sais, Christophe s'est couché sans même se déshabiller. Il n'a pas pu ôter son costume de crocodile. Maman s'est énervée quand elle est entrée dans sa chambre!

Corrigez
Sandrine s'est levée à neuf heures.
Christophe s'est couché sans même s'habiller.
Papa s'est énervé.

C. *Alain téléphone à Guy pour lui raconter la disco.*

GUY Tout le monde s'est bien amusé, alors?
ALAIN Mais oui, nous nous sommes drôlement amusés.
GUY Et Jacques ne s'est pas trop embêté?
ALAIN Tu parles! Il a été très content des cadeaux, et ce soir il va avec Nicole à la disco du Collège.

R Ecoutez bien

Ecoutez l'histoire d'une surprise-partie ratée.
Ensuite, répondez aux questions:

1 A quelle heure est-ce que les garçons sont arrivés chez Guy?
2 Combien de garçons sont entrés?
3 Qui s'est inquiété?
4 Qui s'est fâché?
5 Qu'est-ce qu'il a fait?

A écrire

Complétez les phrases:

| s'est amusé | réveillées |
| nous sommes | s'est habillé |

1 Tout le monde s'est . . . follement.
2 Les filles se sont . . . tard ce matin.
3 Guy . . . comme un cheval.
4 Henri . . . couché tout habillé.
5 Nous . . . endormis tout de suite.

pratique

6

Talking about what happened this morning					mais ce matin,			
D'habitude,				**mais ce matin,**			
je	me	réveille	tard,	je	me	suis	réveillé(e)	tôt.
tu	te	réveilles	avant moi,	tu	t'	es	réveillé(e)	après moi.
Jacques	se	réveille	le premier,	il	s'	est	réveillé	le dernier.
Nicole			à 7 heures,	elle			réveillée	à 6 heures.

nous	nous	sommes	réveillé(e)s	vers huit heures.
vous	vous	êtes	réveillé(e)(s)	à neuf heures précises.
ils	se	sont	réveillés	à dix heures passées.
elles			réveillées	à midi.

Et Christophe?	Il ne s'est pas	réveillé levé lavé	du tout ce matin.

A. A quelle heure est-ce que tout le monde s'est levé hier matin?
exemple

Alain	Alain s'est levé à	1 Guy	2 Hélène	3 vous	4 nous	5 tu
7h	sept heures.	8h	6h.30	7h.15	9h	8h.45

Daily routines
B.
1. Qu'est-ce que Nathalie a fait ce matin?
exemple
Elle s'est réveillée à six heures moins cinq.
2. Qu'est-ce qu'elle dit?
exemple
Je me suis réveillée à six heures moins cinq.

C.
1 Qu'est-ce qu'elle a fait ce soir?
2 Qu'est-ce qu'elle dit?
3 Et Nico? Il a tout fait une heure plus tard que Nathalie.

D. Et toi?
1 A quelle heure tu t'es réveillé ce matin?
2 Tu t'es levé tout de suite?
3 Tu t'es lavé avant de t'habiller?
4 Tu t'es brossé les dents avant ou après le petit déjeuner?
5 Tu t'es lavé les cheveux cette semaine?
6 Tu t'es couché de bonne heure hier soir?
7 Tu t'es reposé un peu en classe hier?

MEMO
se réveiller 5.55
se lever 6.00
se laver 6.05
se doucher pas de temps!
s'habiller 6.15

MEMO
se reposer 18h
se laver les cheveux 21h
se coucher 22h

E. Enquête
Faites une enquête auprès de vos camarades de classe pour savoir l'heure à laquelle on se lève, se couche, etc.
Est-ce qu'on se couche plus tard le samedi ou le dimanche, les jours de fête ou en vacances?
Posez des questions et faites vos rapports.

débrouillez-vous

En visite

Sandrine a invité son amie Gaby, qui habite à Lyon, à passer quelques jours chez elle pendant les vacances de Noël. Gaby a pris le train. Sandrine est allée à la gare avec sa mère retrouver sa copine.

Gaby a apporté un petit cadeau, une boîte de confiseries, pour Mme Laffont. Mme Laffont a remercié Gaby du cadeau et a essayé de mettre Gaby (qui est un peu timide) à son aise.

R A l'écoute

Alain aussi a invité un copain à passer quelques jours chez lui.
Ecoutez la conversation et répondez aux questions.

Les problèmes d'un invité

Il y a toutes sortes de choses qu'on veut savoir, quand on est invité dans la maison d'un ami ou d'un correspondant – surtout s'il est question de se débrouiller dans un pays étranger en se servant d'une langue étrangère.

Par exemple, il faut savoir comment se servir des appareils qui sont différents de ceux qu'on connaît chez soi.

Il faut aussi savoir demander . . . à quelle heure on déjeune, si on peut aider avec la vaisselle, demander la permission de téléphoner, de regarder la télévision, etc.

Posez des questions et formulez des réponses pour aider un invité à se débrouiller dans une maison inconnue:

Voici des idées et des expressions utiles:

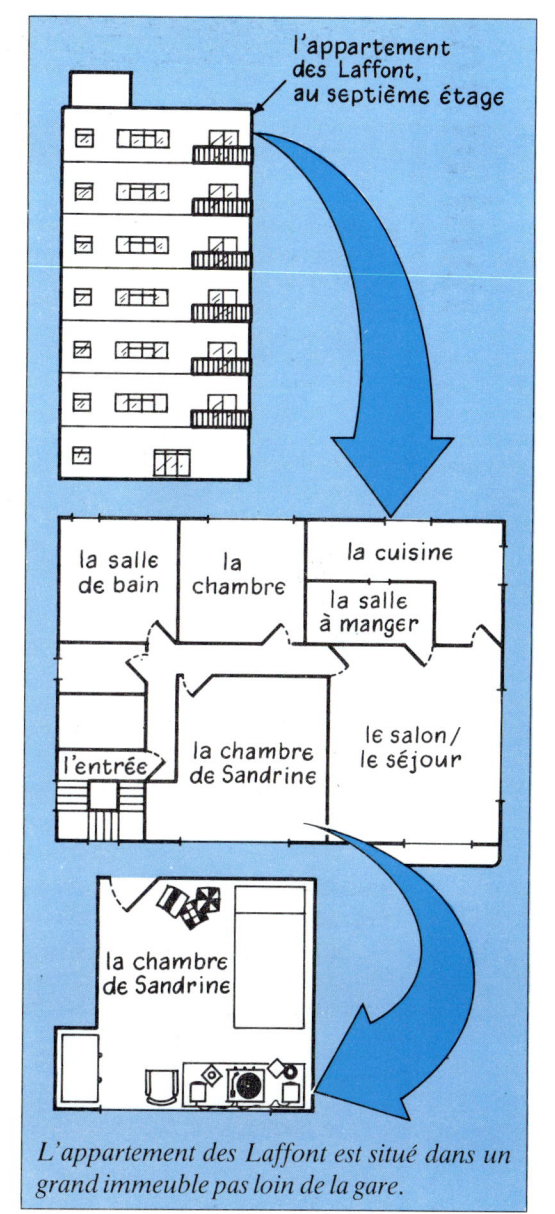

l'appartement des Laffont, au septième étage

L'appartement des Laffont est situé dans un grand immeuble pas loin de la gare.

Comment est-ce qu'on fait marcher. . .
Qu'est-ce qu'il faut faire pour. . .
Est-il possible de. . .
A quelle heure. . . Où. . . Comment. . .
Je n'arrive pas à. . .

POUSSER??? TIRER??? TOURNER???
FRAPPER??? APPUYER???
DONNER UN COUP DE PIED???
A QUOI SERT CE TRUC-CI?

moi et toi

> Oh, ta chambre est super! C'est comme un vrai studio.

> Tu as ta propre chambre chez toi?

> Non, je dois partager avec ma sœur, tant pis!

> Ah, tu as une chaîne stéréo. Dis, on peut passer des disques?

> D'accord, mais il vaut mieux mettre le casque. Mes parents n'aiment pas la musique des jeunes.

Voici le placard de Sandrine. Qu'est-ce que vous y voyez?

A l'écoute Ecoutez la conversation entre Line et Sandrine et la conversation entre Guy et Alain. Répondez aux questions enregistrées.

Travail à deux Vous venez d'arriver chez votre correspondant(e). Répondez à ses questions, en suivant les indications à droite.

Tu as ta chambre à toi à la maison?	Say no, you share with your sister/brother.
Tu passes beaucoup de temps dans ta chambre?	Say no, you work in the living room and watch TV with the family.
Tu as une table de travail ou un bureau?	Say you've got a desk.
Tu as des animaux à la maison?	Say you've got a dog.
Mon chat passe tout son temps endormi sur mon lit. Et ton chien?	Say your dog spends his time sleeping under your desk.
Tu as beaucoup de disques?	Say no, but you've got a lot of cassettes.

Line te demande Tu aimes jouer aux cartes? . . . aux échecs? . . . à . . . ?
Tu passes beaucoup de temps à lire dans ta chambre?
Tu invites des amis à jouer, à écouter des disques, . . . ?
Qu'est-ce que tu voudrais avoir dans ta chambre idéale?
Est-ce que tu voudrais avoir ton appartement à toi?

Tu peux répondre comme tu veux – pas obligatoire de dire la vérité!

à écrire

Les farceurs

Christophe passe le week-end chez son ami, Alain. Christophe n'est pas un garçon sérieux. Ce qu'il aime surtout, c'est les farces. La première nuit de sa visite, il a avancé le réveil d'Alain, qui s'est donc réveillé à cinq heures du matin. Il s'est même levé avant de comprendre la farce!

Alain ne s'est pas amusé du tout. Il a décidé de se venger de Christophe. Cette nuit les farces ont recommencé.

Tu t'es enfin levé, Alain? Tu ne t'es pas réveillé, hein?

Tu m'as eu cette fois, mais je vais me venger!

R Ecoutez l'histoire de la farce d'Alain.

A. Répondez aux questions:
1 Où est-ce que Solange est entrée pendant la nuit? A quelle heure?
2 Qui s'est réveillé? Pourquoi est-ce que Mme Dulac s'est inquiétée?
3 Qu'est-ce que M. Dulac a fait? Où est-ce qu'il est passé? Qui est-ce qu'il a trouvé assis sur un tas de draps?
4 Qu'est-ce que Christophe a dit avant d'allumer la lampe? Qui est-ce qu'on a vu?
5 Où est-ce qu'Alain s'est caché? De quoi s'est-il couvert? Pourquoi?
6 Pourquoi Alain a-t-il mal à la tête? Est-ce que son père s'est amusé?

Expressions utiles
un cambrioleur
réveiller
s'inquiéter
s'excuser
se fâcher
un drap
une couverture
un oreiller

B. Racontez l'histoire du point de vue de Solange, de Christophe ou d'Alain.

C. Ecrivez six courts dialogues, un pour chaque dessin.

checkpoints

1 Talking about what you've done

Can you say what you did or didn't do during the holidays?
Did you or didn't you . . . ?
go camping
spend a lot of time at home
get to know some French boys
play tennis often
play cards sometimes
listen to records
earn some money

2 Comings and goings

Can you say when everyone arrived and left yesterday?

1	2	3	4	5	6
09:45	10:15	11:05	11:45	12:00	13:10
Alain	Line	Christophe et Jacques	Brigitte et Françoise	Nicole	toi
10:45	11:45	11:35	14:00	15:30	15:10

3 Getting to know people

Could you ask a French boy or girl . . . ?
how old he/she is
if he/she speaks English
how long has he/she been learning English
where he/she lives
if he/she has been to England
if he/she likes music

4 Talking about belongings

How do you answer when your friend asks you to lend your things?
Tu veux me prêter ton transistor?   Say you've lost it.
　　　　　. . . ton appareil?   Say you've broken it.
　　　　　. . . ta montre?   Say you've left it at home.
　　　　　. . . de l'argent?   Say you haven't any left.

5 Complaints and excuses

Can you explain to your friend that . . . ?
your parents don't allow you to telephone your friends.
your sister is always borrowing your bike.
you haven't the time to give him/her a hand with his/her homework.
you can't lend him/her your camera.

6 Talking about jobs

Can you ask what your friend does to earn money?
sometimes do babysitting   often do the washing-up
work at the supermarket on Saturdays   work during the holidays
how much did he/she earn last week
how long did he/she spend working
does he/she have time to do homework

checkpoints

7 Finding out when things happen

Can you ask when things happen?

what time do classes start
what time is lunch
is it possible to watch TV during the lunch hour
is the disco open every evening
until what time is the library open

8 Talking about daily life

Can you say which of these things you do and which you don't do?

get up early
take a shower before breakfast
go to school by bus
have a good time at school
go to sleep during lessons
go to bed late

9 Talking about where you live

Can you
a. ask a French visitor . . .
b. tell him/her about yourself . . .
where were you born
how long you've lived here
where your mother comes from
whether you like the area
whether you think it's pleasant
whether you prefer living in town or in the country

10 Giving facts about places

Could you give facts and figures about towns?

say it's a large town in the north
say it's 300 kilometres from Paris
say it's near the coast
say it's got a million inhabitants
say it's very modern
say there are lots of entertainments

11 Asking about a party

Your friends have been to a party. How do you ask . . . ?

what time they arrived
if they dressed up in fancy dress
if they had a good time
if anyone was bored
if their parents got upset
what time they went to bed

12 Going visiting

You have a French visitor. Can you tell him/her . . . ?

to put his/her case under the bed
that the shower doesn't work
that your father doesn't like pop music
you have to put on a headset
you'll go out in the evening
lunch is at one o'clock
the cat goes to sleep on the bed
you can watch TV after supper

7 Tout va changer!

In this lesson you will learn
how to talk about plans, hopes, wishes
how to make suggestions for the future
how to say how long you will spend doing things

FOYER DES QUATRE SAISONS

Bonne Année à tous!

Pour la nouvelle année – Grand Concours de Loisirs prix individuels et pour équipes

Pourquoi pas
- dessiner un portrait
- prendre des photos
- animer un groupe rock
- présenter une pièce de théâtre

Allez-y! Vous avez dix semaines avant le grand concert et exposition.
Inscrivez-vous tout de suite.
Demandez des renseignements et des fiches d'inscription à Philippe.

Date limite d'inscription: 31 janvier
Concert et exposition: 12 mars

Dis, Alain, on va présenter une pièce?

Tu espères gagner un prix pour tes photos?

Non, moi, je vais prendre des photos. Bien sûr, je compte gagner le grand prix!

Christophe, on pourrait jouer du jazz, si tu veux. Tu sais jouer du piano.

Pas la peine! Je ne veux rien faire.

R Introduction

C'est la nouvelle année. Au Foyer, Brigitte et Philippe ont pris leurs résolutions. Ils ont décidé d'animer un grand projet de loisirs pour les membres. Pendant leurs heures libres, les jeunes de Vergy perdent leur temps. Mais tout va changer. Brigitte et Philippe vont organiser un programme d'activités pour tous. Marie-Paule est d'accord et elle va offrir des prix. Le maire de Vergy va présenter les prix à un grand concert en mars.

De quoi s'agit-il?

1 Qui va prendre des photos?
2 Qui sait jouer du piano?
3 Qu'est-ce que Marie-Paule va faire?
4 Qui va présenter les prix?
5 A qui est-ce qu'on s'adresse pour avoir des renseignements?
6 Qu'est-ce que les jeunes font pendant leurs heures libres?

Comment le dire en français?

1 to make a resolution
2 entry forms
3 to put on a play

R Conversations

A.

SANDRINE — Tu as vu l'affiche, Alain?
ALAIN — Bien sûr. Je vais demander une fiche à Philippe.
LINE — Qu'est-ce que tu penses faire?
ALAIN — J'aime la photographie. Je vais prendre des photos des copains et de leurs activités.
SANDRINE — Bonne idée. Moi, j'aime le modélisme. Je pense construire une maquette du Centre.
LINE — Moi, je ne sais que faire. Je n'ai aucune idée.
ALAIN — Pourquoi pas dessiner quelque chose? Tu es très forte en dessin.
LINE — C'est ça! Je peux faire le portrait de quelqu'un.

Vrai ou faux?
Alain pense faire de la photographie.
Sandrine va dessiner le Centre.
Line aime le modélisme.

B.

NICOLE — On va essayer de gagner le prix d'équipe?
GUY — D'accord, mais comment? Un groupe rock?
NICOLE — Tu blagues! Nous ne savons pas jouer d'un instrument. D'ailleurs Jacques veut animer un vrai orchestre de jazz.
GUY — Alors, une exposition, euh . . . , disons de l'histoire de la ville.
NICOLE — Ouais! Ras-le-bol!
Attends! Peut-être une pièce de théâtre?
GUY — Ou plutôt une revue, avec des sketchs?
NICOLE — Bonne idée. Nous avons besoin de combien d'acteurs?
GUY — Oh, quatre ou cinq au maximum. Allons parler aux copains.

Corrigez
Nicole et Guy savent jouer du piano.
Jacques va organiser un groupe rock.
Guy veut présenter une pièce de théâtre.

ACTEURS! ACTRICES!
Voulez-vous jouer un rôle dans une comédie?

Revue LES SAUTERELLES
répétition ce soir (samedi) 19.00 h

CLUB DE JAZZ LES HOTSHOTS
RÉPÉTITION 1700 h. MERCREDI

R Ecoutez bien

Christophe, Sandrine, Monique, Michel, Pierre, Françoise

Jacques essaie d'organiser un orchestre de jazz.
Il a une liste des membres du Foyer qui savent jouer d'un instrument.
Ecoutez les conversations et ensuite faites la liste des musiciens.

piano
trompette
trombone
clarinette
guitare
batterie
contrebasse

A écrire

Complétez les phrases avec le mot qui convient.

doivent	espère
sait	
pensent	veux

1 Nicole et ses amis . . . présenter une revue.
2 Sandrine . . . jouer du piano assez bien.
3 Alain . . . gagner un prix pour ses photos.
4 Les membres de l'orchestre . . . jouer souvent ensemble.
5 Christophe, tu ne . . . pas participer au concours?

pratique

Talking about what people are going to do

Moi,		je	vais	organiser le spectacle.
Toi, Jacques,		tu	vas	te charger de la musique.
C'est	Philippe	qui	va	s'occuper des billets.
	nous		allons	commencer, n'est-ce pas, Brigitte?
	vous		allez	être responsables du décor, André et Monique.
Ce sont	les filles		vont	s'occuper de la publicité.
Bien entendu, Christophe		ne	va	pas	participer au concours.

A. Brigitte a la liste des participants, mais Philippe ne se rappelle pas les détails.
exemple
Jacques va prendre des photos?
Non, c'est Alain qui va prendre des photos.

1 Nicole va dessiner des portraits?
2 Guy va animer l'orchestre?
3 Line et Christophe vont chanter à la guitare?
4 Monique et ses amis vont présenter une revue?
5 Tu vas t'occuper des billets?

```
Alain – photos
Line – portraits
Jacques – orchestre
Paul et Anne – chansons + guitare
Nicole + amis – revue
Philippe – billets
```

Talking about hopes, wishes and plans

Tu	aimes	la photographie, Alain?
	t'intéresses	à la musique, Jacques?
	fais	du dessin, Line?
	sais	parler allemand, Nicole?

Oui,	je	compte	gagner le prix.
	j'	espère	devenir musicien.
	je	voudrais	être artiste.
	je	pense	travailler en Allemagne.

B. Line a pris ses résolutions.
Tout va changer!
Voici sa liste pour demain:

me lever à six heures
prendre une douche froide
passer six heures à travailler
m'inscrire au club de gymnastique
me coucher de bonne heure

1. Qu'est-ce qu'elle compte faire?
exemple
Je vais me lever à six heures.
2. Christophe ne pense pas changer.
exemple
Je ne vais pas me lever à six heures.
3. Qu'est-ce que Line dit deux jours plus tard?
exemple
Je ne me suis pas levée à six heures.

débrouillez-vous

Cette semaine au Foyer

C'est la rentrée pour les sections du Foyer. Voici l'ensemble des divers ateliers et animations. Les personnes intéressées peuvent s'inscrire chaque mercredi ou samedi au Bureau.

CLUB PHOTO (et section vidéo)
fonctionne chaque vendredi à partir de 20h30 et le dimanche à partir de 10h.
Responsable: Philippe

MAQUETTES ceux qui s'intéressent à l'aéromodélisme peuvent s'adresser à Xavier tous les lundis (20h).

ASTRONOMIE 3e vendredi de chaque mois
Responsable: Marie-Paule

DANSE FOLKLORIQUE samedi 15h30 à la salle des Jeux. S'adresser à Brigitte.

ORDINATEURS ET ROBOTIQUE
la section organise des cours de programmation pour jeunes à partir de 14 ans. Mardi 19h30.

ANIMAUX ET OISEAUX
rendez-vous au Centre le 1e et le 2e dimanche de chaque mois à 15h.

PHILATELIE
le quatrième mercredi du mois à 18h.
Responsable: Bernard

GYMNASTIQUE
fonctionne le jeudi à 18h et le samedi à 10h. Demandez des renseignements à Brigitte.

TRAVAUX MANUELS (métal, bois)
Les ateliers du Centre sont ouverts tous les soirs à partir de 17h, et le mercredi et samedi à partir de 10h.
Responsable: Philippe

Les membres du Jazz-band ont décidé de gagner de l'argent pour aider les victimes de la faim en jouant du jazz dans le jardin public tous les soirs pendant un mois.

Travail à deux
Posez des questions l'un à l'autre au sujet des activités du Foyer.

exemples
Qu'est-ce qu'on peut faire le samedi?
Quel jour est-ce qu'on peut faire de la gymnastique?

R A l'écoute
Un coup de main pour les âgés
Quelques membres du Foyer pensent passer quelques heures libres à aider les âgés de Vergy. Ecoutez leurs conversations et notez qui va se charger de chaque activité, et les jours et les heures que chacun compte passer à ce travail.

Nom	Tâche(s)	Jour(s)	Heures de/à

A écrire
Ecrivez un court article (de cinq à dix phrases) au sujet d'un coup de main aux âgés, pour LA VOIX DE VERGY.

moi et toi

7

> Je voudrais apprendre à jouer de la guitare. C'est difficile?

> Oh, pas trop difficile. Moi, je joue depuis cinq ans.

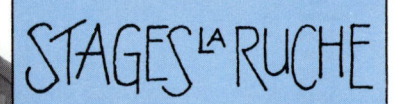

STAGES LA RUCHE

RAS-LE-BOL LES DISCOS?
FINI LE HIT-PARADE?

BOUGE-TOI!
APPRENDS QUELQUE CHOSE!

Nos stages de vacances –
Pâques 8, 10, 15 jours
à partir du 25 mars,
1 avril ou 8 avril

Stages La Ruche
Programme Pâques

Poterie pour débutants – 25 mars
 8 jours
Jazz danse – danse africaine
 25 mars, 8 avril – 10 jours
Peinture et dessin pour débutants
 1 avril – 8 jours
Expression corporelle – initiation
 et perfectionnement
 25 mars, 8 avril – 15 jours
Théâtre et mime pour débutants
 1 avril, 8 jours
Marionnettes – 8 avril – 10 jours
Programmation de micro-
 ordinateurs pour débutants
 25 mars – 8 jours
Guitare pour débutants
 Classique, folk, rock
 25 mars, 1 avril, 8 avril
 – 8 jours
La Bonne Cuisine – française et
 vietnamienne
 initiation, 25 mars – 15 jours
 perfectionnement, 8 avril – 15
 jours

Bibliothèque, librairie, coffee-bar
Distractions, divertissements, jeux
pour stagiaires

Le jeu des rôles
Jouez les rôles de Brigitte et de Christophe.

BRIGITTE	Bonjour, Christophe. Qu'est-ce que tu penses faire ce soir?
CHRISTOPHE	Say you don't want to do anything.
BRIGITTE	Tu ne veux pas jouer au ping-pong?
CHRISTOPHE	Say you're not interested in sports.
BRIGITTE	Tant pis! Pourquoi pas apprendre à jouer aux échecs?
CHRISTOPHE	Say you already know how to play chess.
BRIGITTE	Tu t'intéresses à la musique?
CHRISTOPHE	Say you can play the piano.
BRIGITTE	Ah bon! Tu joues depuis longtemps?
CHRISTOPHE	Say you've been playing for six years.
BRIGITTE	Tu préfères passer tes heures libres avec les copains ou seul?
CHRISTOPHE	Choose your own reply.

Travail en groupe
Posez des questions et faites des propositions au sujet des loisirs.

exemples Tu voudrais faire un stage de vacances?
Combien de temps tu passes à lire, à écouter des disques, ou avec les copains?

Tu espères apprendre à jouer de la guitare?
Tu préfères passer tes heures libres à la maison ou au club?

R **A l'écoute** Ecoutez la conversation et répondez aux questions au sujet des stages.

à écrire

LE CLUB INTER-JEUNES
Un service du Centre des Quatre Saisons

Nom de famille *Laffont*
Prénoms *Alexandrine Simone*
Age *15 ans* Sexe *F*
Adresse *82 Résidence du Pont*
Vergy
Code postal *62532*

CONNAISSANCE DE LANGUES
1e langue vivante *anglais*
Années d'étude *4* Niveau *moyen*
2e langue vivante *allemand*
Années d'étude *1* Niveau *débutante*

INTERETS ET LOISIRS
Sports d'été *tennis, équitation*
d'hiver *ski*
Activités de loisirs *disco, lecture*
Ambitions *professeur de ski*
Visites à l'étranger *2 semaines en Espagne*

Sandrine a rempli une fiche pour avoir un correspondant étranger.
Voici les détails du garçon que l'ordinateur du Club Inter-Jeunes a choisi pour Sandrine.

Nom de famille *Baker*
Prénoms *John Eric*
Age *15 ans* Sexe *M*
Adresse *3 Church Road*
Severnside
Code postal *Avon, England*

John est anglais. Il habite près de Bristol dans l'ouest de l'Angleterre. Il apprend le français au collège depuis quatre ans. Il n'a jamais été en France, mais il a passé dix jours en Italie l'année dernière pour faire du ski. Il a un frère, (12 ans) qui s'appelle Stephen, et une sœur, Karen, qui a neuf ans. John aime le football et le ski. Il ne joue pas d'instrument, mais il est passionné de la musique rock. Il a une grande collection de timbres. Il sait nager et plonger assez bien. Il espère faire du camping en Espagne en été. Son ambition est de devenir cuisinier.

Voici la lettre que Sandrine a écrit à John. Elle ne sait rien de lui à part les détails donnés sur la petite fiche ci-dessus.

Vergy, le 20 février

Cher John,
J'ai reçu ton nom du Club Inter-Jeunes. Je suis très contente d'avoir un correspondant anglais, car j'apprends l'anglais depuis quatre ans. Je suis en quatrième au Collège de Vergy, dans le nord de la France, pas loin de Calais. J'ai quinze ans (mon anniversaire est le 10 octobre) et je n'ai pas de frères. J'ai une sœur mariée, qui habite près de Lyon, où je suis née.
   Je voudrais savoir toutes sortes de choses.

J'ai reçu ta photo, mais je voudrais savoir si tu as des frères ou des sœurs, si tu es fort en français, quels sont tes activités et intérêts. As-tu jamais été en France? Comment est-ce que tu passes tes vacances et tes loisirs?
Ecris-moi bientôt,
Amitiés, Sandrine

Je t'envoie le badge du foyer

LA BANDE 4S ÇA VA

Ecrivez la réponse de John. N'oubliez pas de répondre aux questions.

8 Mon avenir

In this lesson you will learn
more about school in France
about choice of subjects and courses
how to talk about what people will do in the future

Dis, Nicole! A quel âge tu es entrée au collège?

Tu as passé combien d'ans au collège?

A onze ans, comme tout le monde.

Quatre ans.

les disciplines fondamentales			les matières optionnelles			les disciplines d'éveil				
5h	4h	3h	3h	3h	3h	1½ h	2h	3h	3h
le français	les mathématiques	la première langue vivante	la technologie et une option préprofessionnelle	la deuxième langue vivante/ le latin/le grec	l'éducation physique et sportive	les travaux manuels	l'éducation artistique et musicale/ dessin/musique	les sciences expérimentales sciences naturelles/ sciences physiques	les sciences humaines histoire/géographie/ éducation civique

L'horaire de 4ᵉ et 3ᵉ en collège

R Introduction

Collège de Vergy
avis aux élèves de 5ᵉ

En septembre vous entrerez en 4ᵉ. Vous continuerez votre éducation générale, mais vous commencerez aussi une ou deux matières optionnelles. Au cours du 2ᵉ trimestre de la présente année scolaire, la directrice du Collège demandera à vos familles de lui indiquer votre choix d'options. C'est la famille qui décidera seule de ce choix, mais nous donnerons, bien entendu, aux parents et aux élèves, tous les renseignements nécessaires.

De quoi s'agit-il?

1. A quel âge les élèves français entrent-ils au collège?
2. A quel âge entrent-ils en 4ᵉ?
3. Combien d'heures de mathématiques a-t-on par semaine en 4ᵉ?
4. Combien d'années est-ce qu'un élève passe au collège, en principe?

Comment le dire en français?

1. physical education
2. an option (optional subject)
3. the headmistress
4. a term

▶ Conversations

A. *Hélène, la sœur de Line et de Christophe, a 13 ans. Elle entrera en 4ᵉ en septembre.*

HELENE	Line, avant d'entrer en 4ᵉ, on décidera des options, n'est-ce pas?
LINE	C'est ça, tu choisiras une deuxième langue ou une matière technique, et une deuxième option préprofessionnelle aussi.
CHRISTOPHE	Tu commenceras le latin, si tu veux!
HELENE	Ça ne m'intéresse pas! J'étudierai l'italien.
LINE	Pas possible. Il n'y a pas de prof.

Vrai ou faux?
Hélène entrera en cinquième en septembre.
Elle doit choisir des options.
Elle commencera l'italien.

B. *Christophe a 14 ans à présent. Il est en 3ᵉ et il déteste la vie au collège.*

L.E.P. = Lycée d'Enseignement Professionnel
C.A.P. = Certificat d'Aptitude Professionnelle

LINE	Dis, Christophe, tu quitteras le collège à la fin de cette année, n'est-ce pas?
CHRISTOPHE	Oui, et j'oublierai toutes ces matières rasantes.
HELENE	Tu chercheras un emploi ou tu entreras au lycée?
LINE	Il n'a pas le choix! On n'a pas le droit de quitter l'école avant l'âge de seize ans.
CHRISTOPHE	C'est vrai, mais je ne passerai pas trois ou quatre ans au lycée.
HELENE	Qu'est-ce que tu penses faire, alors?
CHRISTOPHE	J'entrerai au L.E.P. et je préparerai un C.A.P.!
LINE	Et à la fin de deux ans, tu ne trouveras pas d'emploi. Moi, je préparerai mon bac de technicien et je gagnerai beaucoup d'argent.

Corrigez
Line quittera le collège à la fin de l'année scolaire.
Christophe trouvera un emploi.
Line entrera au L.E.P.

▶ Ecoutez bien

David, le petit frère de Nicole, a dix ans. En septembre, il entrera au collège en sixième. Ecoutez la conversation et répondez aux questions.

1 Est-ce que David commencera l'anglais?
2 Est-ce qu'il cessera d'étudier le français?
3 Est-ce qu'il aime les mathématiques?

A écrire

Complétez les phrases dans les bulles en vous servant des mots dans la case.

1 Les élèves . . . quatre ans au collège.
2 Tu . . . tes études?
3 Vous . . . l'allemand difficile.
4 Nous . . . des conseils aux parents.
5 Je . . . mon bac.
6 Christophe ne . . . pas un emploi.

préparerai	cherchera	passeront
donnerons	trouverez	continueras

8

53

pratique

What will they all do next year?

Je	travaillerai	tous les jours.
Tu	travailleras	beaucoup.
Jacques Sandrine	travaillera	à l'hypermarché. au garage. en ville.
Nous	travaillerons	à Paris.
Vous	travaillerez	à l'étranger.
Line et Alain	travailleront	

Et Christophe?	Il ne	travaillera	pas.
	Il	jouera	toute la journée.
	Il se	couchera	de bonne heure.

A. In father's footsteps.
exemple
Le père de Guy travaille à la ferme.
Guy travaillera à la ferme.

1 Le père de Guy passe ses heures libres au café.
2 Le père de Line et Christophe voyage beaucoup.
3 Mon père joue au golf. Moi, je . . .
4 Ton père se couche tard. Toi, tu . . .
5 Le père de Nicole habite à Paris.

Plans for the weekend

Samedi matin	on	se réveillera	à six heures.
		partira	à sept heures.
		prendra	le café dans un petit bar.
		choisira	un endroit joli pour piqueniquer.
L'après-midi	nous	dormirons	un peu.
Le soir		prendrons	un verre de vin à l'hôtel.
		danserons	jusqu'à minuit.

B. Voici l'agenda de Brigitte pour la semaine prochaine.
1.
Qu'est-ce qu'elle dit à Philippe?
exemple
Lundi matin, je travaillerai au Centre.
2.
Qu'est-ce que Philippe dit de la semaine de Brigitte?
exemple
Lundi matin, elle travaillera au Centre.

lundi	9h-12h	travailler au Centre
	14h	jouer au tennis
mardi	9h-18h	aider Marie-Paule
mercredi	12h	déjeuner chez ma sœur
jeudi		accompagner les stagiaires à Rheims
vendredi	9h	téléphoner au garage
	18h	retrouver papa à la gare
samedi		passer la journée à la campagne
dimanche	10h	sortir avec Bernard
	17h	partir en vacances!

débrouillez-vous

Vers le monde de demain

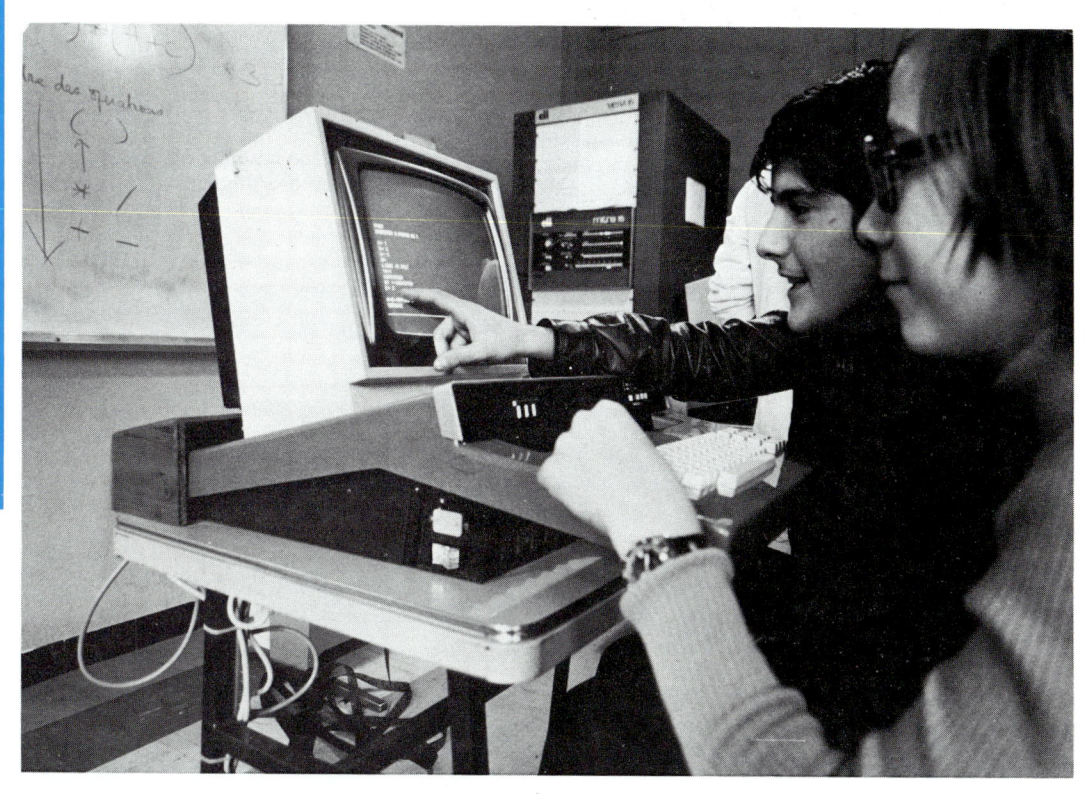

L'école doit préparer les élèves à la vie et au travail.

Les établissements scolaires (les écoles, les collèges, les lycées) doivent offrir à tous leurs élèves la possibilité de gagner les compétences qui leur permettront de trouver un emploi, mais aussi de changer de métier quand il sera nécessaire.

On nous assure qu'à l'avenir, nous ne quitterons pas la maison pour travailler, qu'il sera possible de faire tous nos achats sans bouger de notre fauteuil. Il est vrai qu'on n'a plus besoin de sortir pour aller au cinéma, si on a un magnétoscope à la maison.

Sans doute, les gens continueront à sortir pour voir des amis, même s'ils ont le téléphone audio-visuel, et, espérons, il sera toujours possible d'aller en vacances.

Il sera même plus agréable de voyager, quand tous ceux qui se déplacent pour travailler à présent resteront à la maison. Finis les embouteillages?

1. What should schools offer to pupils in future?
2. What will it be possible to do at home in future?
3. Why might people continue to go out?
4. Why might there be less traffic in future?
5. What do you think might be a good trade to learn?

R A l'écoute

Ecoutez les actualités et répondez aux questions enregistrées.

8

Que choisir?

Les élèves en cinquième doivent choisir les matières optionnelles qu'ils étudieront en 4ᵉ et 3ᵉ.

4ᵉ Matières optionnelles
première option (obligatoire)
deuxième langue vivante   allemand – espagnol *ou* latin ou grec *ou* technologie
deuxième option (facultative)
options préprofessionnelles A: technique du travail en atelier B: technique du bâtiment C: métiers de service

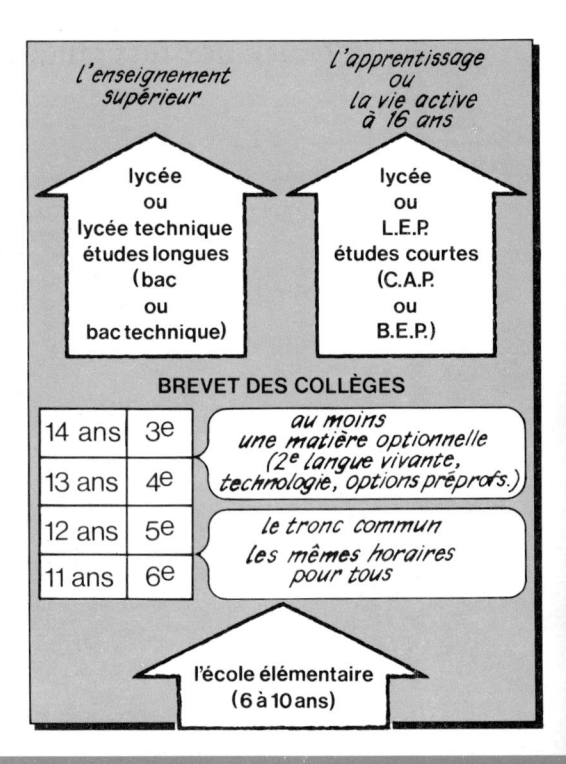

l'enseignement supérieur — lycée ou lycée technique études longues (bac ou bac technique)

l'apprentissage ou la vie active à 16 ans — lycée ou L.E.P. études courtes (C.A.P. ou B.E.P.)

BREVET DES COLLÈGES

14 ans	3ᵉ	au moins une matière optionnelle (2ᵉ langue vivante, technologie, options préprofs.)
13 ans	4ᵉ	
12 ans	5ᵉ	le tronc commun les mêmes horaires pour tous
11 ans	6ᵉ	

l'école élémentaire (6 à 10 ans)

Quelques idées pour vos études en 4ᵉ et 3ᵉ		
2ᵉ langue vivante	l'anglais	Si vous n'étudiez pas déjà l'anglais comme première langue vivante, vous avez intérêt à considérer que cette langue est une vraie langue internationale, dont la connaissance vous permettra d'avancer dans beaucoup de métiers de commerce, de technologie, de transports et de tourisme.
	l'allemand	Langue assez difficile, mais très importante pour ceux qui entreront dans une profession scientifique, industrielle ou médicale.
la technologie	Une initiation aux matières que vous étudierez plus tard en section technique du lycée, ou au L.E.P. On peut dire que chacun doit gagner une certaine connaissance de l'informatique, de la robotique et de la programmation des ordinateurs.	
les options préprofessionnelles	les métiers de service	Un apprentissage valable pour ceux et celles qui pensent entrer dans le commerce (travail dans un magasin ou un bureau). Vous apprendrez à écrire à la machine, à tenir les comptes et à travailler avec le public.
	les métiers du bâtiment et du travail en atelier	Vous passerez six heures par semaine aux bancs d'essai. Vous visiterez des entreprises pour connaître les milieux professionnels avant de choisir une spécialité pour vos études en L.E.P.

C'est l'âge de l'informatique

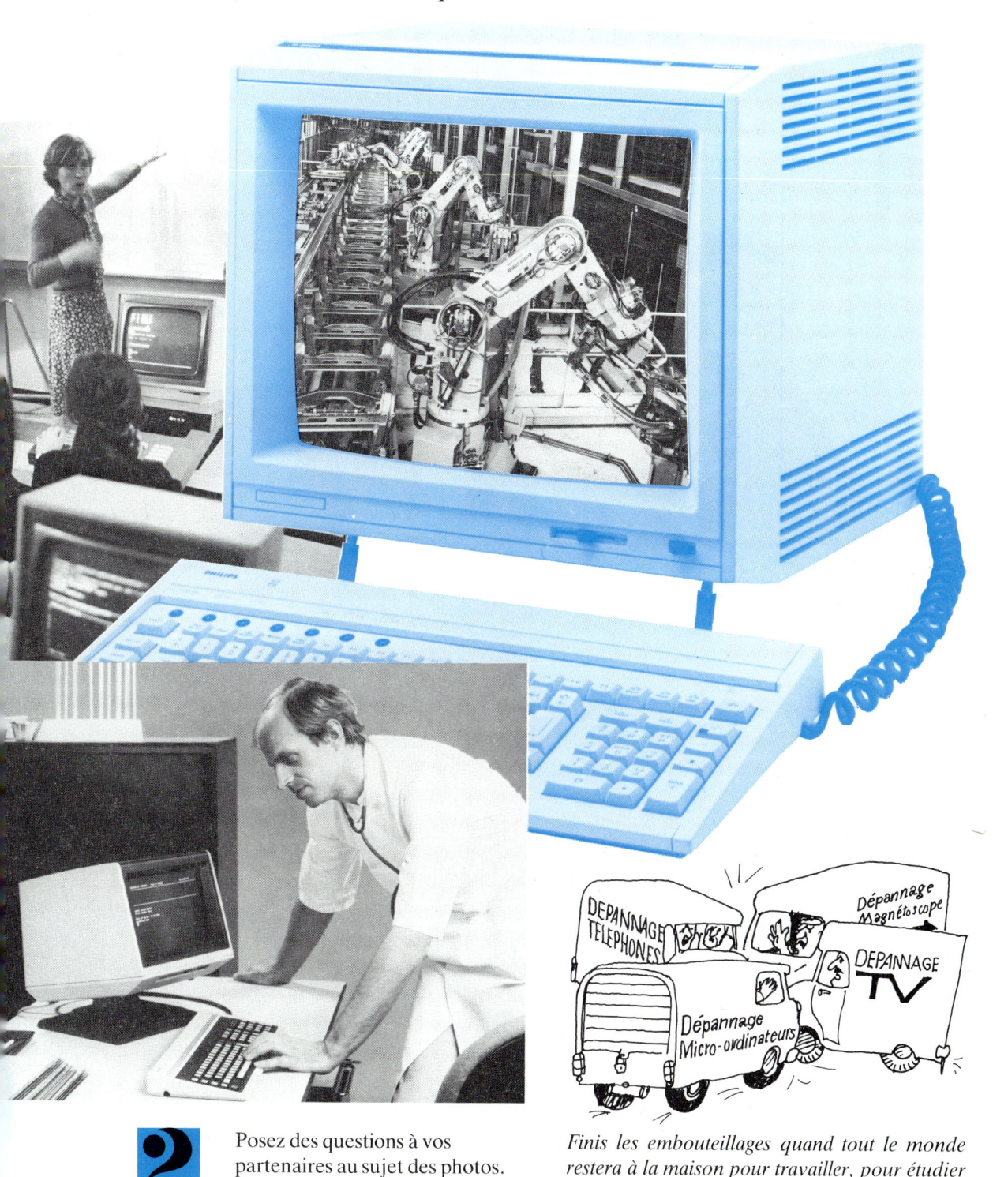

? Posez des questions à vos partenaires au sujet des photos.

Finis les embouteillages quand tout le monde restera à la maison pour travailler, pour étudier et pour s'amuser?

57

moi et toi

— Tu aimes les langues, Sandrine?

— Oh, je trouve l'anglais assez difficile. Moi, je ne suis pas douée pour les langues.

— Tu trouves les langues faciles?

— Je ne suis pas forte en allemand, mais je voudrais commencer l'anglais.

— Moi, je m'amuse bien pendant les classes d'anglais. Je n'y comprends rien du tout.

— Toi, tu rigoles tout le temps en classe, Christophe. C'est marrant!

R **A l'écoute**

Ecoutez la discussion des collégiens qui choisissent leurs options pour la classe de quatrième.
Notez les matières que chacun commencera en septembre.

Marc	Dominique	Julien	Fabienne	Jean-Claude

Le jeu des rôles Jouez les rôles de Catherine et de Robert.

Catherine	Robert
Qu'est-ce que tu fais comme première langue?	Say you're learning German.
C'est difficile, n'est-ce pas?	Say it's difficult, but you like it.
Tu commenceras l'anglais en quatrième?	Say you're not going to start a new language.
Alors, qu'est-ce que tu prendras comme option?	Say you're going to learn to type.
Ask another question.	Choose your own response.

Line te demande
Et toi, qu'est-ce que tu vas étudier en quatrième année? Tu as choisi tes options?

?

Travail à deux
Posez des questions au sujet des matières que vous aimez (ou détestez), que vous trouvez faciles ou difficiles, des choix que vous allez faire l'année prochaine.
Quelles matières continuerez-vous?
Quelles matières commencerez-vous?
Est-ce que vous cesserez d'étudier le français?

à écrire | Faisons le choix

Guide Chez Nous

Faites des notes pour un visiteur français ou pour votre correspondant. Expliquez les horaires de votre école.
Combien d'heures est-ce qu'on passe à étudier le français – en première année, en deuxième année, etc.
Quelles autres langues a-t-on la possibilité d'étudier? En quelle année est-ce qu'on commence une deuxième langue vivante?
Quelles matières technologiques peut-on commencer?
Quelles sont les sciences expérimentelles, et les sciences humaines qu'on étudie?
Une leçon dure combien de minutes?
Combien d'heures de devoirs est-ce qu'on doit faire par jour en 3^c année?
Combien d'élèves y a-t-il dans une classe?
Est-ce qu'on travaille quelquefois en petits groupes? Pour quelles matières?
Combien de matières à option est-ce que les élèves choisissent? En quelle année?

Est-ce que vous avez la possibilité d'étudier la micro-technologie, d'apprendre à programmer un micro, de visiter des usines, des grands magasins, des bureaux, des banques et d'autres entreprises?
Trouvez-vous que la vie scolaire est une bonne préparation à la vie active ou à la vie de loisirs?

9 Demain au travail

In this lesson you will learn
more about the future tense
how to talk about when and if things will happen in the future

---

SOCIETE BANCAIRE INTERNATIONALE
Stages pour employés
Langue anglaise et informatique
lieu – PARIS
durée – 10 semaines
Les stagiaires passeront six heures par jour en laboratoire de langue, en salle de classe et au centre d'informatique.
Ils recevront une formation intensive.
A la fin du stage ils passeront un examen.
Quelques-uns pourront demander une place dans nos bureaux à Londres ou à New-York.

Je pourrai travailler aux Etats-Unis?

Bien sûr, tu auras la possibilité de faire un stage avancé.

Tu devras travailler beaucoup!

Que feras-tu après ce stage? Tu reviendras?

Je ne sais pas. Peut-être que j'irai à New-York.

On ne se verra plus!

Tu viendras me voir à Paris, Robert?

Mais tu sais, moi aussi, je ferai un stage . . . à Lyon!

R Introduction

Monique, la sœur aînée d'Alain, a dix-huit ans. Elle travaille à la banque depuis deux ans; elle a quitté l'école sans certificat. Elle travaille très bien et son chef de section lui a conseillé de faire un stage de formation à Paris.

Si Monique réussit le stage, elle recevra une promotion et elle aura la possibilité de travailler à l'étranger. Si elle préfère, elle pourra faire un stage plus avancé.

De quoi s'agit-il?

1. Depuis combien de temps Monique travaille-t-elle à la banque?
2. Qu'est-ce que son chef lui conseille de faire?
3. Combien de temps passera-t-elle à Paris?
4. Qu'est-ce qu'elle pourra faire à la fin du stage?
5. Quelle langue est-ce que Monique étudiera?
6. Combien d'heures par jour est-ce qu'elle devra travailler?

Comment le dire en français?

1. intensive training
2. data processing
3. to take an exam

R Conversations

A. *Monique parle à son chef de section.*

LE CHEF	Eh bien, Monique, tu vas le faire, ce stage?
MONIQUE	Je ne sais pas encore, monsieur, mais je pense que oui. Si je le fais, quand devrai-je partir?
LE CHEF	Voyons. Voilà, tu commenceras mi-avril et tu finiras fin juin.
MONIQUE	Je devrai passer un examen?
LE CHEF	Bien sûr, et si tu réussis, tu recevras un certificat. Tu auras aussi une promotion.
MONIQUE	Et je pourrai aller travailler à New-York?
LE CHEF	C'est ça, ou tu pourras faire un autre stage plus avancé. Tu devras travailler beaucoup, mais il sera très intéressant.
MONIQUE	D'accord! Je le ferai!

Vrai ou faux?
Si Monique fait le stage, elle devra partir mi-avril.
Elle ne devra pas passer un examen.
Elle pourra aller à New-York.

B. *Monique parle avec son frère, Alain, et sa copine, Véronique.*

VERONIQUE	Où est-ce que tu seras logée à Paris?
MONIQUE	J'aurai une chambre au Foyer de la Banque.
ALAIN	Tu devras préparer tes repas?
MONIQUE	Non, je pourrai prendre mes repas au Foyer ou à l'Institut.
VERONIQUE	Tu auras combien d'heures de cours par jour?
MONIQUE	J'aurai six heures de cours et je devrai perfectionner mon anglais le soir.
ALAIN	Tiens, tu auras des devoirs aussi?
MONIQUE	Oui, mais je serai libre en fin de semaine.
ALAIN	Ah, tu pourras sortir avec les copains.
VERONIQUE	Tu reviendras nous voir quelquefois?
MONIQUE	Bien entendu, je reviendrai quand je pourrai.

Corrigez
Monique devra préparer tous ses repas.
Elle aura huit heures de cours par semaine.
Elle devra travailler en fin de semaine.

R Ecoutez bien

Robert vient de finir son apprentissage. Lui aussi a la possibilité de faire un stage – dans la robotique. Ecoutez la conversation et répondez aux questions.

1. Quand ce stage commencera-t-il?
2. Il durera combien de semaines?
3. Où est-ce qu'il aura lieu?
4. Il y aura combien de stagiaires?
5. Est-ce que Robert reviendra à Vergy?

A écrire

Tout changera pour Monique quand elle sera à Paris. Complétez les phrases en utilisant les mots dans la case.

1. Elle . . . beaucoup travailler.
2. Elle . . . six heures de cours.
3. Tout . . . très intéressant.
4. Elle . . . ses repas au Foyer.
5. Elle . . . une promotion.

sera
aura
recevra
prendra
devra

pratique

What will be will be

En ce moment			Bientôt		
Je	suis	à Paris.	Je	serai	à New-York.
Tu	vas	au collège.	Tu	iras	au lycée.
Robert	a	une moto.	Il	aura	une voiture.
Jacques	vient	seul au Foyer.	Il	viendra	avec Nicole.
Monique	voit	Robert tous les jours.	Elle ne le	verra	plus.
Christophe	veut	quitter le collège.	Il	voudra	quitter son boulot.
Il	fait	froid.	Il	fera	chaud.
Il	faut	porter un chandail.	Il	faudra	porter un teeshirt.
Nous	recevons	de l'argent de poche.	Nous	recevrons	un salaire.
Vous	devez	faire vos devoirs.	Vous	devrez	faire vos comptes.
Les copains	peuvent	conduire une mob.	Ils	pourront	conduire une moto.

A. Cette année ➔ **L'année prochaine** ➔ **En cinq années**

exemple
Monique a dix-huit ans. ➔ Elle aura dix-neuf ans. ➔ Elle sera aux Etats-Unis.
    (à Lyon.)
1 Robert a dix-neuf ans.   (à l'université.)
2 Jacques a seize ans.   (au lycée.)
3 Line a quatorze ans.   (marié.)
4 Alain a quinze ans.   (apprentie.)
5 Nicole a seize ans.

B. Donnez la météo pour demain.

exemple Dans le sud il fera chaud.

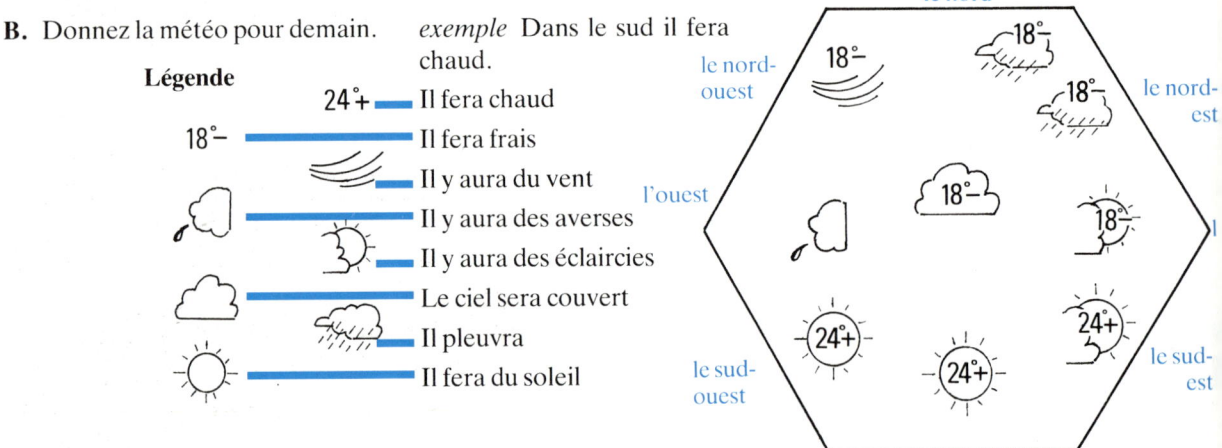

Légende

24°+ — Il fera chaud
18°− — Il fera frais
〰️ — Il y aura du vent
☁️ — Il y aura des averses
⛅ — Il y aura des éclaircies
☁️ — Le ciel sera couvert
🌧️ — Il pleuvra
☀️ — Il fera du soleil

le nord
le nord-ouest
le nord-est
l'ouest
le sud-ouest
le sud-est
le sud

C. Vous regardez dans votre boule de cristal. Qu'est-ce que vous voyez dans l'avenir?
1 pour les membres de la bande?
2 pour vos copains?
3 pour vous-même?

exemple Quand Christophe aura 18 ans, il devra faire son service militaire.

on devra
on pourra
on voudra

quitter le collège
chercher un emploi
faire son service militaire
aller à l'étranger
se marier
habiter en ville
acheter une voiture

débrouillez-vous

Projets d'avenir

Monique aura du temps libre pendant son séjour à Paris. Elle fera beaucoup de choses intéressantes et elle verra tous les monuments et bâtiments importants de la capitale. Elle fera une collection de photos et de souvenirs pour son album.

R **L'arrivée à Paris**
Ecoutez la conversation entre Monique et sa nouvelle copine, Danielle.
Répondez aux questions enregistrées.

? **Travail à deux**

Posez des questions au sujet des photos.
Imaginez que vous êtes Monique. Ecrivez une lettre à Robert après le premier mois passé à Paris. Est-ce que vous avez beaucoup travaillé? Est-ce que vous vous êtes fait des copains et des copines sympathiques? Est-ce que vous avez fait des promenades et des visites intéressantes? N'oubliez pas de demander à Robert de ses nouvelles.

moi et toi

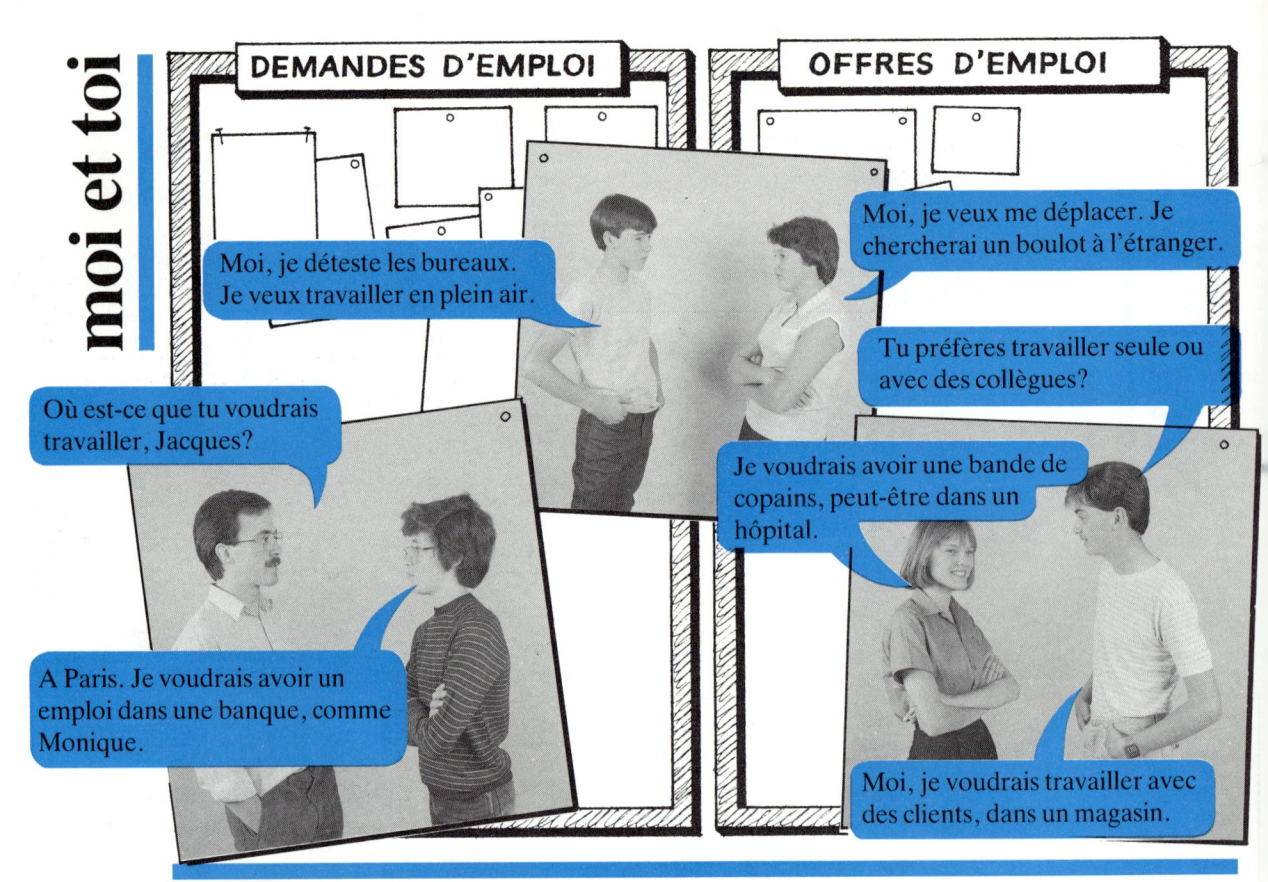

DEMANDES D'EMPLOI

OFFRES D'EMPLOI

Moi, je déteste les bureaux. Je veux travailler en plein air.

Moi, je veux me déplacer. Je chercherai un boulot à l'étranger.

Tu préfères travailler seule ou avec des collègues?

Où est-ce que tu voudrais travailler, Jacques?

Je voudrais avoir une bande de copains, peut-être dans un hôpital.

A Paris. Je voudrais avoir un emploi dans une banque, comme Monique.

Moi, je voudrais travailler avec des clients, dans un magasin.

Les membres du Foyer parlent des métiers. Quelles sont leurs préférences?

Jacques
veut trouver un emploi bien payé, avec des possibilités de promotions; voudrait travailler à Paris, dans un bureau.

Nicole
veut un emploi intéressant, avec les enfants et avec un groupe de collègues, dans une école ou un hôpital.

Christophe
n'aime pas le travail; ne veut pas travailler le soir ni en fin de semaine. Préfère se déplacer.

Sandrine
veut voyager; veut rencontrer beaucoup de gens; ne veut pas des heures fixes. Déteste les bureaux.

R A l'écoute   Et Alain et Line? Ecoutez la conversation.

Travail en groupe   Jouez les rôles des copains.
Proposez des emplois, trouvez les pour et les contre.

Quelles possibilités existent pour les copains? Est-ce qu'on peut trouver un métier pour chacun?

Institutrice	Dépanneur de télé	Médecin
Serveur	Livreur	Mécanicien	Pilote
Infirmier	Professeur	Représentant
Agent	Comptable	Facteur	Fonctionnaire

64

à écrire

Quel sera mon métier?

Travail en groupe
Un membre du groupe décide d'un métier. Les autres essaient de deviner la profession qu'il a choisie.

Tu travailleras	en ville
	à l'étranger
	dans un magasin
	dans une fabrique
	seul
	avec des collègues
	assis/debout
	sur place

| Tu devras | te déplacer |
| | voyager |

Tu	fabriqueras	quelque chose
	livreras	
	répareras	
	vendras	

Tu feras un service pour des clients
Tu recevras un bon salaire

Au 21e siècle

Mme Malheur est pessimiste. Qu'est-ce qu'elle pense?

la retraite à 70 ans
la semaine de 60 heures
C'est la solution!

Les billets de train vont coûter encore plus cher!

10 millions sans emploi

FINIES LES VACANCES PAYÉES

3 heures de devoirs

scolarité obligatoire de 3 à 24 ans

M. Bonheur est optimiste. Voici son rêve de l'avenir.

Dans vingt ans, tout le monde sera riche. Il y aura un emploi pour chacun, mais personne ne devra travailler, s'il ne le veut pas. Ceux qui voudront travailler ne devront passer plus de vingt semaines par an au boulot. On travaillera trois jours par semaine et quatre heures par jour. On pourra prendre la retraite à 40 ans. On aura droit à dix semaines de vacances payées et on pourra voyager partout sans billet. Il n'y aura plus besoin d'écoles car les enfants apprendront tout pendant leur sommeil. Il n'y aura rien à faire à la maison; les robots feront le ménage, la cuisine, la vaisselle et la lessive, et ils promèneront les chiens.

Ecrivez un article de cinq à dix phrases pour LA VOIX DE VERGY. Donnez les avis de Mme Malheur.

Quand j'aurai 30 ans
Ecrivez l'agenda d'une journée de votre vie d'avenir. Vous pouvez être optimiste ou pessimiste.

10 Au Micromarché

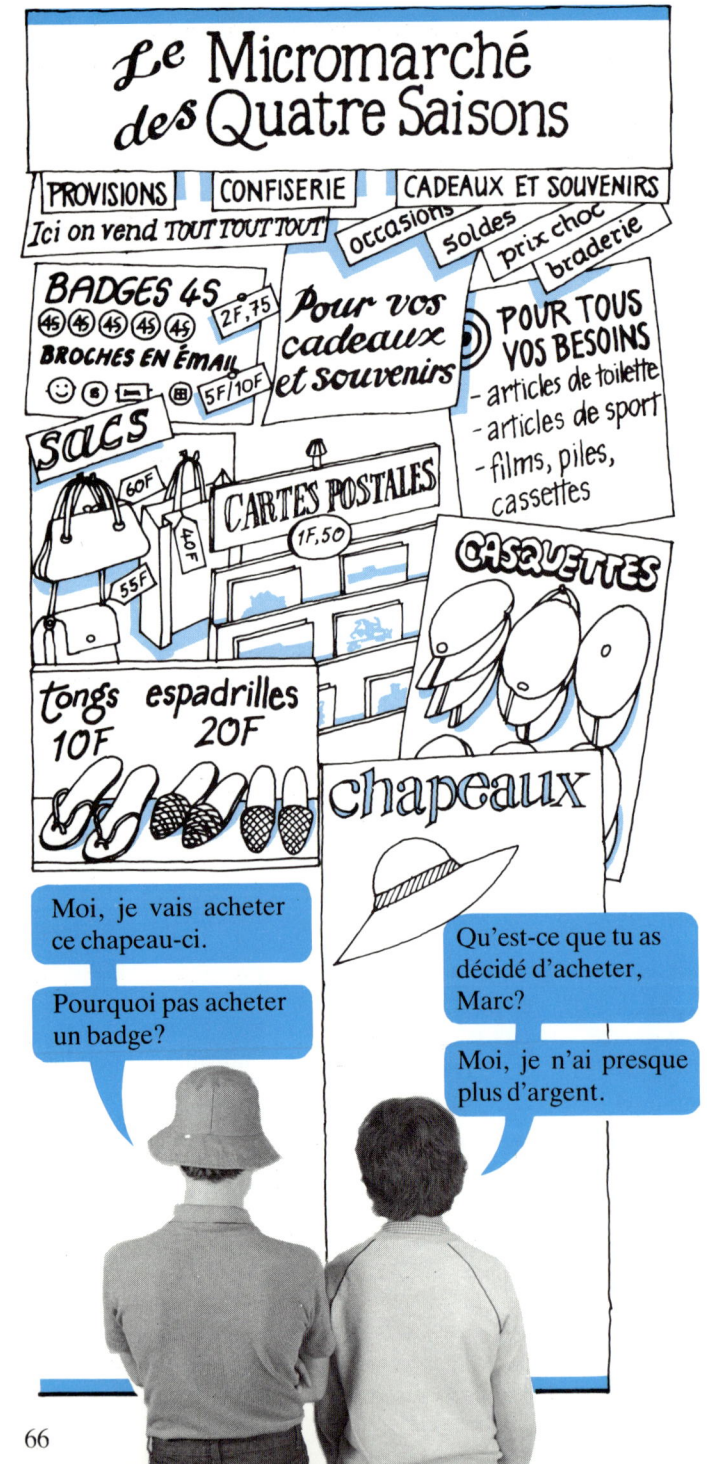

In this lesson you will learn
how to say exactly what you want
how to point out which article you have chosen
how to ask which person or thing is meant

Le Micromarché des Quatre Saisons

PROVISIONS | CONFISERIE | CADEAUX ET SOUVENIRS
Ici on vend TOUT TOUT TOUT
occasions — soldes — prix choc — braderie

BADGES 4S 2F,75
BROCHES EN ÉMAIL 5F/10F

Pour vos cadeaux et souvenirs

POUR TOUS VOS BESOINS
- articles de toilette
- articles de sport
- films, piles, cassettes

SACS 60F 55F 40F

CARTES POSTALES 1F,50

CASQUETTES

tongs 10F   espadrilles 20F

chapeaux

Moi, je vais acheter ce chapeau-ci.

Pourquoi pas acheter un badge?

Qu'est-ce que tu as décidé d'acheter, Marc?

Moi, je n'ai presque plus d'argent.

R Introduction

Quand les visiteurs au Centre des Quatre Saisons ont besoin d'acheter quelque chose ils peuvent aller au Micromarché de M. et de Mme Bougnat.

Le Micromarché se trouve près de l'entrée du Centre. Ici on peut acheter les articles de toilette, les articles de sport, les provisions et les bonbons, les souvenirs et les cadeaux, les timbres, les cartes postales et les livres. Bref, ici on trouvera presque tout.

Bien sûr, les prix sont assez chers. Si on veut économiser son argent, il faut aller plus loin, au Centre Commercial. Là, les prix sont plus bas.

De quoi s'agit-il?

1. Où se trouve le Micromarché?
2. Pourquoi est-ce qu'on fait les achats ici?
3. Où est-ce qu'il faut aller pour trouver des prix plus bas?
4. A quel prix sont les badges au Micromarché?
5. Est-ce qu'il faut aller à la Poste pour acheter des timbres?
6. A combien est-ce que les cartes postales se vendent ici?
7. Qu'est-ce que Marc a décidé d'acheter?

Comment le dire en français?

1. enamel brooches
2. to save money
3. cheap
4. dear

R Conversations

A. *A la fin de leur séjour, Marc et Solange choisissent leurs souvenirs.*

MARC	Dis, tu aimes ces chapeaux, Solange?
SOLANGE	Ils sont trop chers pour moi. Il ne me reste presque plus d'argent.
MARC	Qu'est-ce que tu vas acheter alors? Pourquoi pas un badge?
SOLANGE	Voilà des badges à 2F75. Bon, il me reste assez d'argent pour en acheter un.
MARC	Moi, j'aime les chapeaux. Hmm, lequel est-ce que j'essaie? Ah, celui-ci. Il me va?
SOLANGE	Oh, il est trop petit! Tu as l'air ridicule!
MARC	Essayons un autre. Ah, celui-ci me va à merveille, n'est-ce pas?

Vrai ou faux?
Solange va acheter un chapeau.
Marc va acheter une broche.
Les broches sont à 2F75.

B. *Robert essaie de trouver des cadeaux pour sa famille.*

ROBERT	Bonjour, m'sieur, 'dame. Je peux voir ces petits Gaulois en bois, s'il vous plaît?
MME BOUGNAT	Les voilà. Lesquels aimez-vous, les grands ou les petits?
ROBERT	Ils sont à combien, madame?
MME BOUGNAT	Les grands sont à 48F et les petits à 36F.
ROBERT	Euh, je prends un des petits.
MME BOUGNAT	Très bien, monsieur. Lequel voulez-vous?
ROBERT	Celui-là, à gauche. Il a l'air rigolo, comme mon prof de maths!

Corrigez
Les grands Gaulois sont à 36F.
Robert va prendre deux des petits Gaulois.
Un des Gaulois a l'air ridicule.

C. *Nathalie cherche une poupée habillée en costume traditionnel.*

NATHALIE	Bonjour, monsieur. Je voudrais une de ces poupées-là.
M. BOUGNAT	Oui, mademoiselle. Laquelle préférez-vous?
NATHALIE	Je ne sais pas. Quels costumes avez-vous?
M. BOUGNAT	Il y a les bretonnes, les normandes, les flamandes et aussi les hollandaises.
NATHALIE	Je voudrais une flamande. Celle-ci, s'il vous plaît, monsieur. Elle est très mignonne.

R Ecoutez bien

Robert a écrit une liste des cadeaux qu'il va acheter. Pour qui sont ces cadeaux? Ecoutez les conversations.

1. Un Gaulois 2. Des bonbons 3. Une poupée 4. Une casquette

A écrire
Complétez les phrases en employant les mots dans la case.

les gris
grand
la flamande
les blanches

1. Laquelle des poupées aimez-vous, la bretonne ou . . .?
2. Lequel des Gaulois aimez-vous, le . . . ou le petit?
3. Lesquels des mouchoirs prenez-vous, les bleus ou . . .?
4. Lesquelles des lunettes prenez-vous, les vertes ou . . .?

pratique

Asking which article someone prefers

Je voudrais	un	stylo. / sac. / chapeau.	Lequel	de ces	stylos / sacs / chapeaux	préférez-vous? / voulez-vous? / aimez-vous? / prenez-vous?
	une	poupée. / casquette. / bague.	Laquelle		poupées / casquettes / bagues	
	des	crayons de couleur. / verres.	Lesquels		crayons / verres	
		lunettes de soleil. / boucles d'oreille.	Lesquelles		lunettes / boucles	

A. Ask which one the customer wants.
exemple
Je voudrais un cahier. Lequel désirez-vous?
1 Je voudrais un carnet.
2 Je voudrais un classeur.
3 Je voudrais des pochettes.
4 Je voudrais des feutres.
5 Je voudrais une serviette.

Pointing out which article you want

Lequel	de ces	bloc-notes / calendriers	préférez-vous?	Je prends	celui-ci. / celui-là.
Laquelle		cartes / règles			celle-ci. / celle-là.
Lesquels		mouchoirs / bonbons			ceux-ci. / ceux-là.
Lesquelles		cuillers / bougies			celles-ci. / celles-là.

B. Choose the cheaper.
exemples
Lequel de ces appareils préférez-vous?
J'aime celui-ci.

Laquelle de ces montres préférez-vous?
J'aime celle-là.

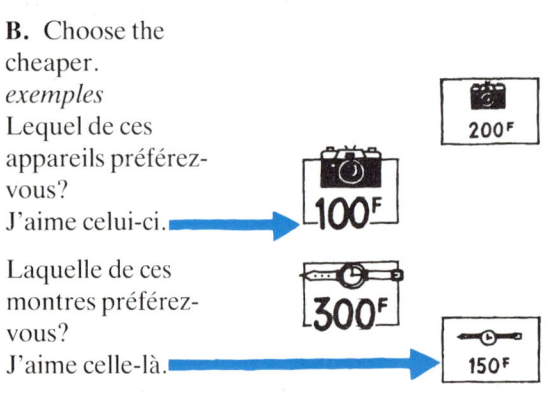

1 Lequel de ces chapeaux préférez-vous?
2 Laquelle de ces ceintures préférez-vous?
3 Lesquelles de ces boucles d'oreille préférez-vous?
4 Lequel de ces pots préférez-vous?
5 Lesquels de ces verres préférez-vous?

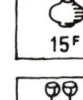

débrouillez-vous

Magasins et marchandises

En France, comme chez nous, il y a toutes sortes de magasins et de boutiques. On trouve partout les grandes surfaces, c'est à dire les supermarchés et les hypermarchés.

Il y a aussi des centres commerciaux. Ici on trouve beaucoup de petites boutiques et d'autres commerces sous le même toit qu'une grande surface. D'habitude, le centre commercial est situé dans la banlieue d'une ville.

Au centre d'une ville on trouve les grands magasins comme les Galeries Lafayette, et les magasins à succursales multiples, comme Monoprix. Vous trouverez aussi des noms que vous connaissez déjà. Ce sont les noms des compagnies internationales, comme C & A, Habitat, Marks and Spencer et Carrefour.

Photo-ciné	Meubles
Musique Disques	Electro-ménager
Papeterie	Quincaillerie
Librairie	Journaux Presse
Articles de toilette	Sports et Jeux

R Guide-magasin
Ecoutez les conversations entre l'employée et les clients pour savoir à quel étage se trouvent les différents rayons.

? Regardez les noms de ces rayons dans un hypermarché. Qu'est-ce qu'on achète ici? Où est-ce qu'on va si on a besoin d'un film ou d'un savon?

moi et toi

Talking about buying presents for people

Je n'ai pas la moindre idée pour un cadeau pour mon frère.

Pourquoi pas lui offrir quelque chose

pour le sport?

d'amusant?

à boire?

Quelque chose en argent? en céramique? en peluche? un jeu de poche? des chocolats? un hibou en verre? du parfum? une souris en feutre? une petite boîte? des fondants?

Qu'est-ce que tu as acheté?

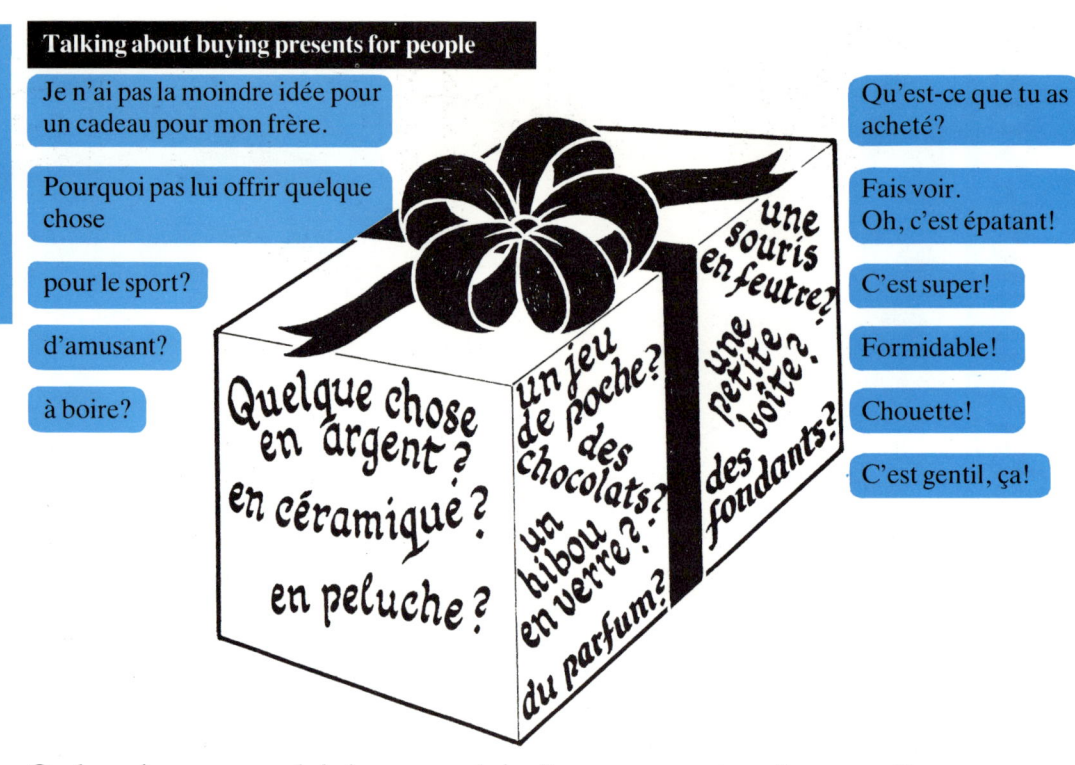

Fais voir.
Oh, c'est épatant!

C'est super!

Formidable!

Chouette!

C'est gentil, ça!

Quelque chose . . . pour le bain . . . pour le jardin . . . pour son travail . . . pour l'amuser . . . pour la distraire . . . en plastique . . . en émail . . . en bois . . . en verre . . . en bleu . . . en cuir

Asking for ideas for presents	Asking for information about people
Qu'est-ce que je vais offrir à maman?	Est-ce qu'elle aime lire?
Oh, mon père est très difficile. Tu as des idées pour un homme?	Il aime la musique? Il s'intéresse à . . . ?
Je ne sais que donner à ma sœur – quelque chose de joli, qui ne coûte pas trop cher?	Il est fumeur? Il est sportif?
	Elle aime bricoler?
	Elle fait du tricot?

Asking what people think about what you've bought	Saying what you think about someone's choice
Voilà le cadeau que j'ai acheté pour mon cousin. Qu'est-ce que tu en penses?	Tu as fait un bon choix.
	Tiens, c'est mignon!
Tu aimes ce cadeau que je vais offrir à ma tante?	Oh, ça lui plaira, j'en suis sûr.
	Ça lui ira à merveille.

Getting what you want

Je cherche un cadeau pour	un garçon de treize ans.	A quel prix?
	une jeune fille.	De quelle couleur?
	un homme.	Lequel. . . ?
	ma grand-mère.	Laquelle. . . ?

R A l'écoute   Ecoutez la conversation et répondez aux questions.

à écrire

BON ANNIVERSAIRE!

Alain vient de célébrer son seizième anniversaire. Il a reçu beaucoup de cartes et de cadeaux.

Il a écrit des lettres à ses grands-parents, à ses tantes et à ses oncles, pour les remercier des cadeaux.

Alain est très bien élevé. Pour être poli, il ne dit pas toujours exactement ce qu'il pense des cadeaux qu'il a reçus...

Voici la liste des cadeaux qu'Alain a reçus.

Tante Irène	100 francs	super!
Oncle Albert	livre d'histoire	cassant!
Grand-père	lampe de travail	très pratique
Mémé	chandail fait main	trop grand
Tante Louise	cravate à fleurs	affreuse!
James	jeu casse-tête	très amusant

Voici quelques extraits des lettres qu'Alain a écrites:

Merci pour le chandail que tu m'as fait belle surprise

très amusant. Je passe toutes mes heures libres à

me va à merveille. Je vais la porter

de l'argent que tu m'as envoyé. je vais acheter

très gentil

j'ai reçu un tas de cartes et de cadeaux. Je dois

j'aime surtout le livre d'histoire

très pratique quand je fais mes devoirs

R À l'écoute
Ecoutez la conversation entre Alain et Sandrine. Qu'est-ce qu'elle pense des cadeaux qu'il a reçus?

Alain écrit à son correspondant, James. Il lui parle des cadeaux qu'il a reçus, et il remercie James du jeu qu'il a envoyé.

Ecrivez la lettre d'Alain. N'oubliez pas de dire à James ce que vous allez acheter avec l'argent de tante Irène.

11 Toutes directions

In this lesson you will learn
how to ask for and give directions
how to find your way round buildings
how to talk about bus routes and timetables

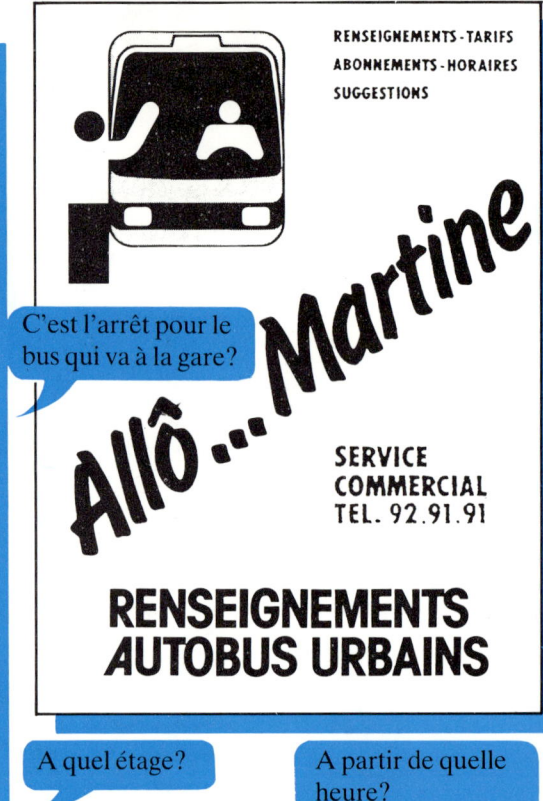

BIBLIOTHÈQUE MUNICIPALE
heures d'ouverture
matin
9h–12h
après-midi
14h–9h
soir
20h–22h
SAMEDI journée continue
DIMANCHE ET JOURS DE FÊTE fermée
LUNDI fermée le matin

C'est loin?

Il y a un parking près d'ici?

La bibliothèque est ouverte le soir?

galerie du triangle

◀ mairie
P.T.T. ▶   REZ-DE-CHAUSSÉE

▼ bureaux
commissariat   SOUS-SOL

RENSEIGNEMENTS - TARIFS
ABONNEMENTS - HORAIRES
SUGGESTIONS

Allô... Martine

C'est l'arrêt pour le bus qui va à la gare?

SERVICE COMMERCIAL
TEL. 92.91.91

RENSEIGNEMENTS AUTOBUS URBAINS

A quel étage?

A partir de quelle heure?

R Introduction

Vergy est une ville de moins de vingt mille habitants. Il y a des magasins, bien sûr, et il y a aussi un cinéma, et même un Théâtre Municipal.

Pour les grands magasins et pour un choix de films il faut prendre le train ou l'autobus pour aller à une des grandes villes de la région.

Lille est à soixante kilomètres de Vergy, et c'est ici qu'on trouve tous les grands magasins et tous les divertissements.

De quoi s'agit-il?

1. Est-ce qu'on peut aller à la bibliothèque lundi matin?
2. Combien de personnes habitent à Vergy?
3. Combien de cinémas y a-t-il à Vergy?
4. A quelle distance de Vergy est la ville de Lille?
5. Où est-ce qu'on trouve les horaires d'autobus?
6. Quel jour est-ce que le service de renseignements autobus est fermé?

Comment le dire en français?

1. timetable
2. police station
3. ground floor
4. all day (opening)

ⓡ Conversations

A. *Un touriste étranger veut changer de l'argent en francs. Il ne sait pas où trouver une banque.*

LE TOURISTE	Excusez-moi, madame. Est-ce qu'il y a une banque près d'ici?
UNE PASSANTE	Oui, monsieur, il y en a deux. Vous avez la Banque Populaire, rue Foch, et la Société Bancaire, rue de Paris.
LE TOURISTE	Laquelle est la plus proche?
LA PASSANTE	Voyons; oui, c'est la Banque Populaire.
LE TOURISTE	Pour y arriver, s'il vous plaît?
LA PASSANTE	Nous sommes rue du Marché. Vous tournez à gauche dans la Grand-rue et vous prenez le deuxième tournant à gauche. C'est la rue Foch et vous trouverez la banque sur votre droite à cent mètres.
LE TOURISTE	Merci bien, madame. C'est loin?
LA PASSANTE	Non, vous en avez pour cinq minutes au maximum.

Le prochain bus passe quand?

Vrai ou faux?
Le visiteur cherche la Poste.
Il y a une banque rue de Paris.
Il faut tourner à droite dans la Grand-rue.
La banque se trouve à cinq minutes de marche.

B. *Une jeune fille arrive à la gare. Elle cherche l'hôpital. Elle demande son chemin au contrôleur.*

LA JEUNE FILLE	Je veux aller à l'hôpital, monsieur. C'est loin?
LE CONTRÔLEUR	Il y a deux hôpitaux dans la ville, mademoiselle. Lequel voulez-vous?
LA JEUNE FILLE	Attendez, j'ai l'adresse ici. Il s'appelle le Centre Hospitalier Duras.
LE CONTRÔLEUR	Bon, c'est le nouvel hôpital. Il se trouve Boulevard de Dunkerque.
LA JEUNE FILLE	C'est loin d'ici?
LE CONTRÔLEUR	Oh oui, c'est de l'autre côté de la ville, à deux kilomètres.
LA JEUNE FILLE	Je peux prendre un autobus?
LE CONTRÔLEUR	Oui, quand vous sortez de la gare, vous verrez les arrêts d'autobus dans la cour.
LA JEUNE FILLE	C'est quelle ligne pour l'hôpital?
LE CONTRÔLEUR	Vous pouvez prendre un C ou un E. Ils partent toutes les vingt minutes.

Il y a un A qui arrive!

Corrigez
La jeune fille veut aller au vieil hôpital.
Le nouvel hôpital se trouve rue de la Gare.
La gare est à trois kilomètres de l'hôpital.

ⓡ Ecoutez bien

Ecoutez la conversation par téléphone et répondez aux questions.

1 A quelle date est-ce que Jean va arriver?
2 Comment est-ce qu'il va arriver à Vergy?
3 Quel bus doit-il prendre?
4 A quel étage est l'appartement de Serge?

pratique

Finding out about services and facilities

Est-ce qu'il y a	une banque un bureau de poste un parking	près d'ici?
Où se trouve	le Syndicat d'Initiative? la Gare routière? l'arrêt d'autobus le plus proche?	

La piscine est ouverte	aujourd'hui? jusqu'à quelle heure?

| Il est possible de changer de l'argent ici? |
| C'est quel bus pour la Cathédrale? |
| Les cars pour Paris partent souvent? |

C'est tout près.

Il y en a un/une à deux minutes.

Il faut aller plus loin.

Je regrette, je ne suis pas d'ici.

Voici le plan de la ville.

Il faut consulter les horaires.

Les heures d'ouvertur sont marquées à l'entrée.

Toutes les demi-heures.

Vous prenez un B.

A. Vous êtes employé à l'Office du Tourisme. Répondez aux questions des touristes en vous servant des notes ci-dessous.

1	Je voudrais changer de l'argent.	Banque du Nord, en face
2	Je veux faire la visite de l'Abbaye. Quelles sont les heures d'ouverture?	10–12, 2–6, fermée lundi
3	Est-ce qu'il existe un plan de la ville?	sur le comptoir, gratuit
4	C'est loin d'ici, le Château?	200m. traversez le Bd. de Dieppe
5	Où est-ce qu'on peut acheter des souvenirs bon marché?	Le Centre Commercial, l'Etoile
6	C'est quel bus pour l'Auberge de Jeunesse?	A,C,E; arrêts, Bd. de Dieppe
7	A quelle heure part le dernier train pour Paris?	22.45 en semaine, 20.15 dimanche
8	Est-ce qu'il y a un cinéma dans la ville?	Place Notre-Dame, à côté de la mairie
9	Les cars pour Calais partent souvent?	Toutes les 2 heures
10	Je cherche un hôtel pas cher.	Liste des hôtels affichée à l'entrée

Getting around

Pour aller . . .
Je cherche . . .

Prenez	le premier/deuxième/troisième couloir/tournant la première/deuxième/troisième rue	à gauche à droite
Tournez . . . Descendez . . . Montez . . . Continuez . . . Traversez . . . Pénétrez . . .		tout droit jusqu'au bout
Vous trouverez . . . Vous verrez . . .		en face de . . . à côté de . . . sur votre droite/gauche

La ville de Vergy

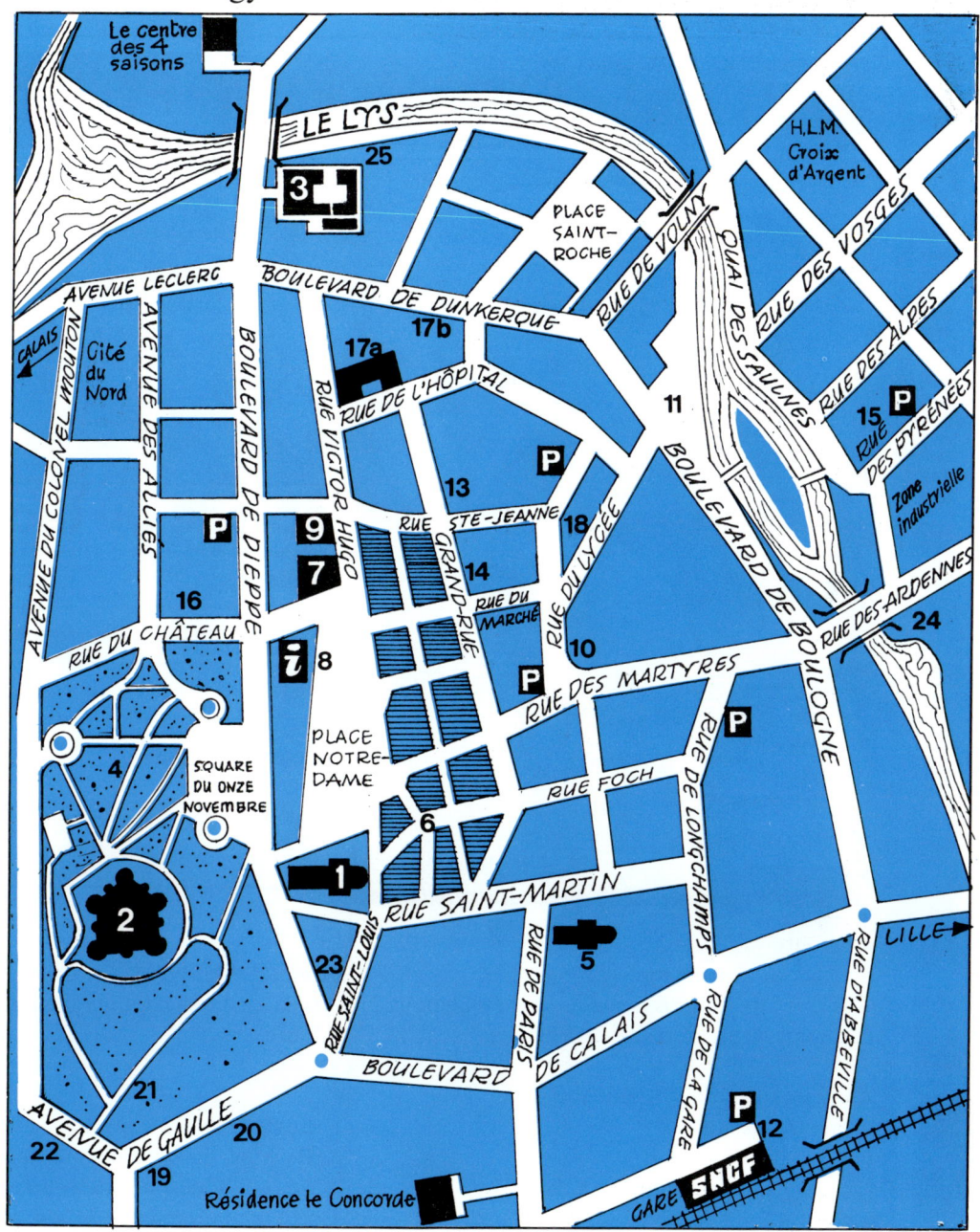

1. *La Cathédrale Notre-Dame*
2. *Le Château de Vergy*
3. *L'Abbaye (en ruines)*
4. *Le Jardin public*
5. *L'Eglise Saint-Martin*
6. *Le Vieux Quartier*
7. *La Mairie*
8. *Le Syndicat d'Initiative et Office de Tourisme*
9. *Le Commissariat de Police*
10. *Les P.T.T. (la Poste)*
11. *La Gare routière*
12. *La Gare S.N.C.F.*
13. *La Bibliothèque municipale*
14. *Le Marché*
15. *Le Centre Commercial de l'Etoile*
16. *La Maison pour Tous*
17. *L'Hôpital (a. le vieil hôpital, b. le nouvel hôpital.)*
18. *Le Lycée*
19. *Le Collège*
20. *Le Lycée d'Enseignement professionnelle (L.E.P.)*
21. *La Piscine de Plein Air*
22. *Le Terrain de Sports (complexe sportif et piscine couverte)*
23. *Le Théâtre municipal*
24. *Le Stade Vélodrome*
25. *L'Auberge de Jeunesse*

débrouillez-vous

Au centre commercial

Centre Commercial le Polygone

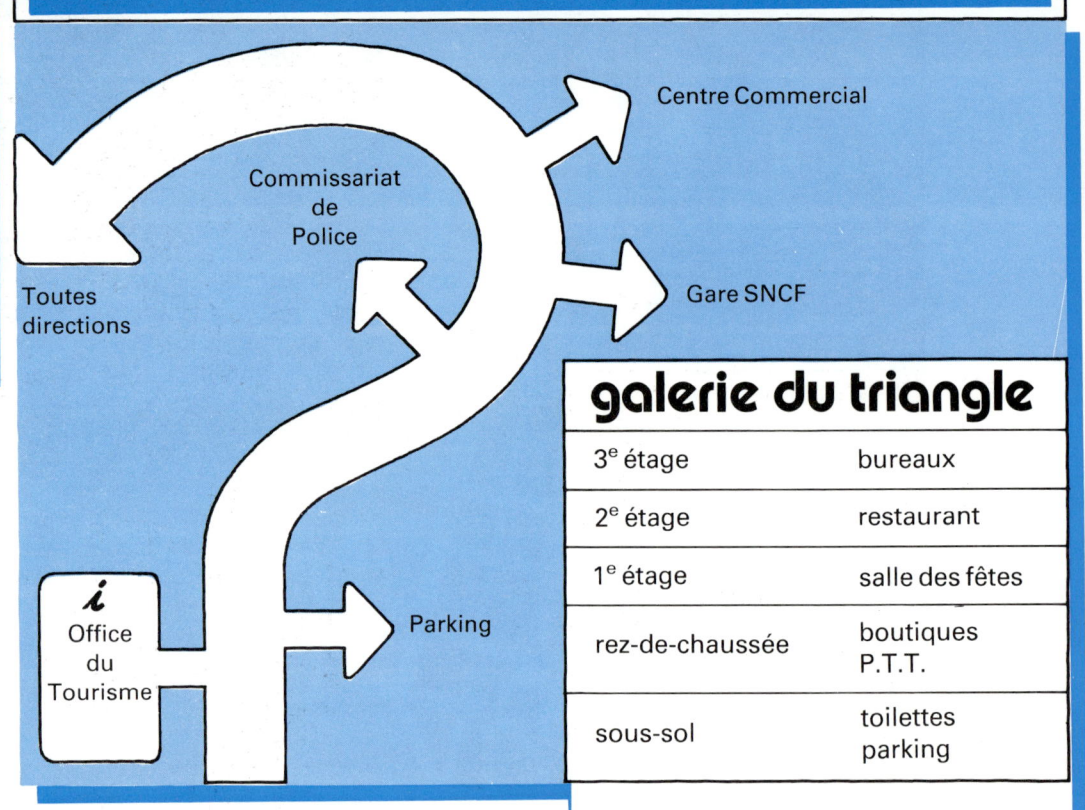

Centre Commercial

Commissariat de Police

Toutes directions

Gare SNCF

Office du Tourisme

Parking

galerie du triangle

3e étage	bureaux
2e étage	restaurant
1e étage	salle des fêtes
rez-de-chaussée	boutiques P.T.T.
sous-sol	toilettes parking

A l'écoute
Ecoutez les conversations.
Suivez les indications données sur le plan pour découvrir où les touristes veulent aller.

Jouez les rôles d'un visiteur et d'un habitant de Vergy.
Où êtes-vous?
Où est-ce que le visiteur veut aller?
C'est loin?
Est-ce qu'il y a un bus?
Faut-il prendre un taxi?

Complétez les phrases ci-dessous en vous servant de l'indicateur ci-dessus.

1 Les toilettes se trouvent au . . . .
2 Il y a un . . . au deuxième étage.
3 Les . . . sont situés au troisième étage.
4 Les boutiques sont . . . .
5 Le . . . est situé au sous-sol.
6 Il y a . . . . . . au . . . .

A écrire
1. Vous habitez Place Saint-Roche à Vergy. Ecrivez une note à un(e) ami(e) pour lui indiquer comment arriver chez vous en partant de la gare.

2. Ecrivez dix phrases au sujet de la ville de Vergy. Précisez la situation des bâtiments et monuments importants en vous servant des expressions à la page 74.

Prenons le bus

ARRET D'AUTOBUS			
Square du 11 novembre		FACULTATIF Faire signe au conducteur	
SEMAINE	DESTINATION		DIMANCHES ET FÊTES
A C	ETOILE		A
C	CROIX D'ARGENT		A
E	ZONE INDUSTRIELLE		—
ARRÊT DE DESCENTE LIGNE D			

POINT DE VENTE DE CARNETS LE PLUS PROCHE — OFFICE DE TOURISME

Ligne C — Cité du Nord / Croix d'Argent

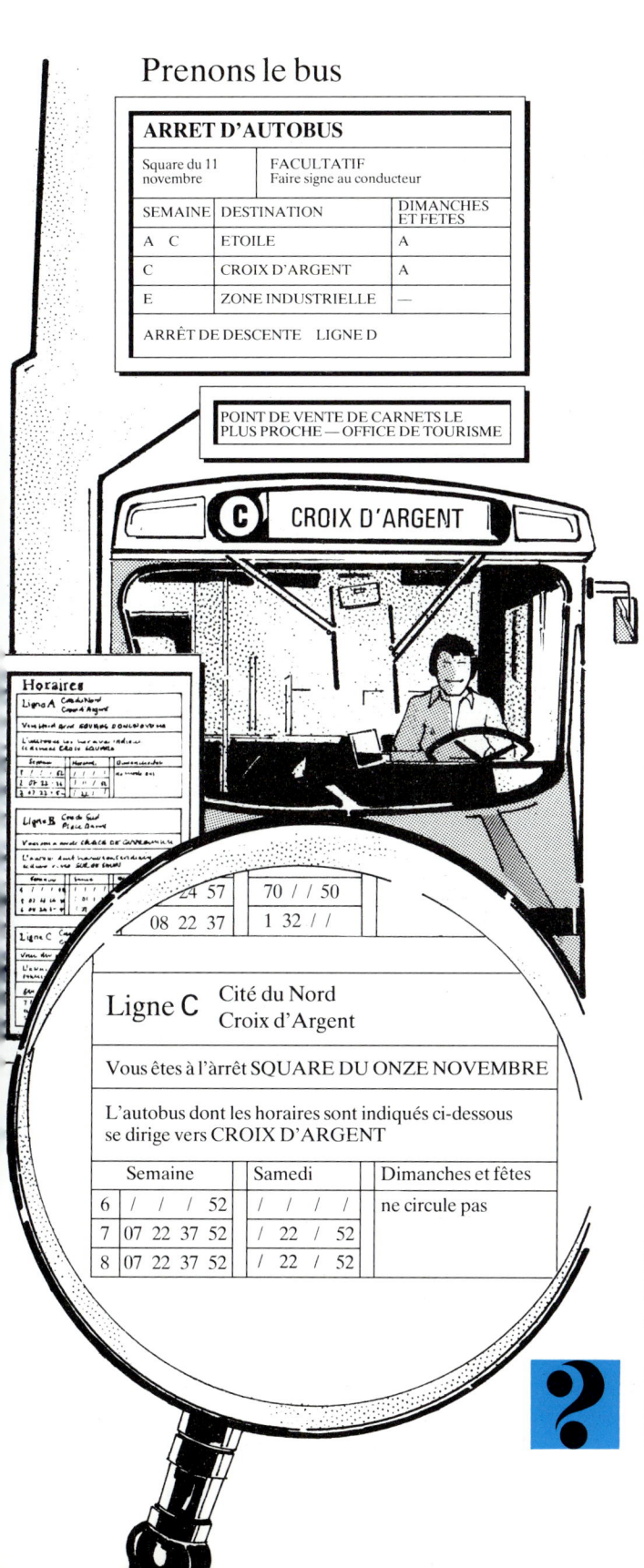

Vous êtes à l'arrêt SQUARE DU ONZE NOVEMBRE

L'autobus dont les horaires sont indiqués ci-dessous se dirige vers CROIX D'ARGENT

	Semaine	Samedi	Dimanches et fêtes
6	/ / / 52	/ / / /	ne circule pas
7	07 22 37 52	/ 22 / 52	
8	07 22 37 52	/ 22 / 52	

A l'arrêt d'autobus

Vous attendez l'autobus ici.
Regardez le poteau pour avoir tous les renseignements nécessaires.

1. Où se trouve cet arrêt?
2. Où se dirige le bus qui arrive?
3. Qu'est-ce qu'il faut faire si vous voulez prendre ce bus?
4. Est-ce dimanche?
5. Peut-on prendre le D ici?
6. Où peut-on acheter un carnet de tickets?
7. D'où vient le bus qui arrive?
8. A quelle heure arrive le premier bus le samedi?
9. Quelle ligne faut-il prendre si l'on veut aller à Croix d'Argent dimanche?
10. Il est sept heures du matin. Combien de temps faut-il attendre le prochain bus? (C'est mardi.)

R A l'écoute

Ecoutez la conversation à l'arrêt d'autobus et répondez aux questions.

Posez d'autres questions à votre partenaire au sujet des trajets en autobus à Vergy. Utilisez les renseignements sur cette page.

moi et toi

Je veux aller en ville. Tu viens? On pourrait prendre une pizza au self.

D'accord. Et après, pourquoi pas aller au cinéma?

RESTAURANT SELF DU NORD
à 150m. 2ᵉ tournant à gauche

Service continu de 11h à 21h30
fermé le dimanche

Suggestions du chef
Hamburgers à partir de 13F50
Crêpes 9F, 12F   Frites 3F50
Pizzas 6F, 10F, 15F

Travail à deux
Jouez les rôles de Jacques et de Nicole.

Jacques veut prendre le bus. Il veut partir dans vingt minutes. Il veut aller à la bibliothèque et au Centre Commercial. Il veut aller au cinéma l'après-midi.

Nicole veut aller à pied. Elle veut partir plus tard à onze heures. Elle veut aller à la Maison pour Tous et au marché. Elle ne veut pas prendre une pizza au self. Elle préfère acheter quelque chose au marché pour manger en plein air. Elle préfère aller à la piscine l'après-midi, et au cinéma le soir. Qu'est-ce qu'ils décident?

R A l'écoute
Ecoutez la conversation de Line et d'Alain.
Qu'est-ce qu'ils décident de faire samedi?
Répondez aux questions.

Line te demande
Et toi, quels sont tes projets pour le weekend et pour la semaine prochaine?
Raconte-moi ce que tu proposes faire (ou ne pas faire).

Expressions utiles
passer l'après-midi
prendre le bus
préférer rester à la maison
si j'ai assez d'argent
demander à . . . de m'accompagner
prendre un hamburger au self

à écrire

Salut, les copains!

Dans les villes françaises on trouve toujours un café qui est le lieu de rendez-vous préféré des jeunes. C'est ici qu'on se réunit après les cours ou en fin de semaine. Ici vous trouverez les lycéens et les collégiens plus âgés. On peut déguster un café, un jus de fruits ou un sirop; on peut prendre un repas simple et pas trop cher. A l'intérieur, il y a des flippers, un juke-box et bien sûr des jeux électroniques.

Guide Chez Nous

Est-ce qu'il y a un lieu de rencontre sympathique pour les jeunes près de chez vous?
Où est-ce qu'on peut trouver un repas simple et pas cher?
Est-ce qu'il y a un café ou un snack où on peut passer tout l'après-midi ou toute la soirée à bavarder?
Où est-ce qu'on va pour retrouver les copains?
– si on n'a pas d'argent?
– s'il pleut?
– en hiver?
– en été?

Dessinez un plan de la ville où vous habitez, ou de la grande ville la plus proche de chez vous.
Indiquez les cafés où on mange bien et où un repas ne coûte pas trop cher, les lieux de rencontre amusants, les terrains de sports, les piscines, les clubs, etc.
Donnez des renseignements au sujet des autobus et d'autres transports, s'il y en a (trains, métro, bateaux).

12 Faisons le choix

In this lesson you will learn
how to compare people and things
how to talk about what is better and best

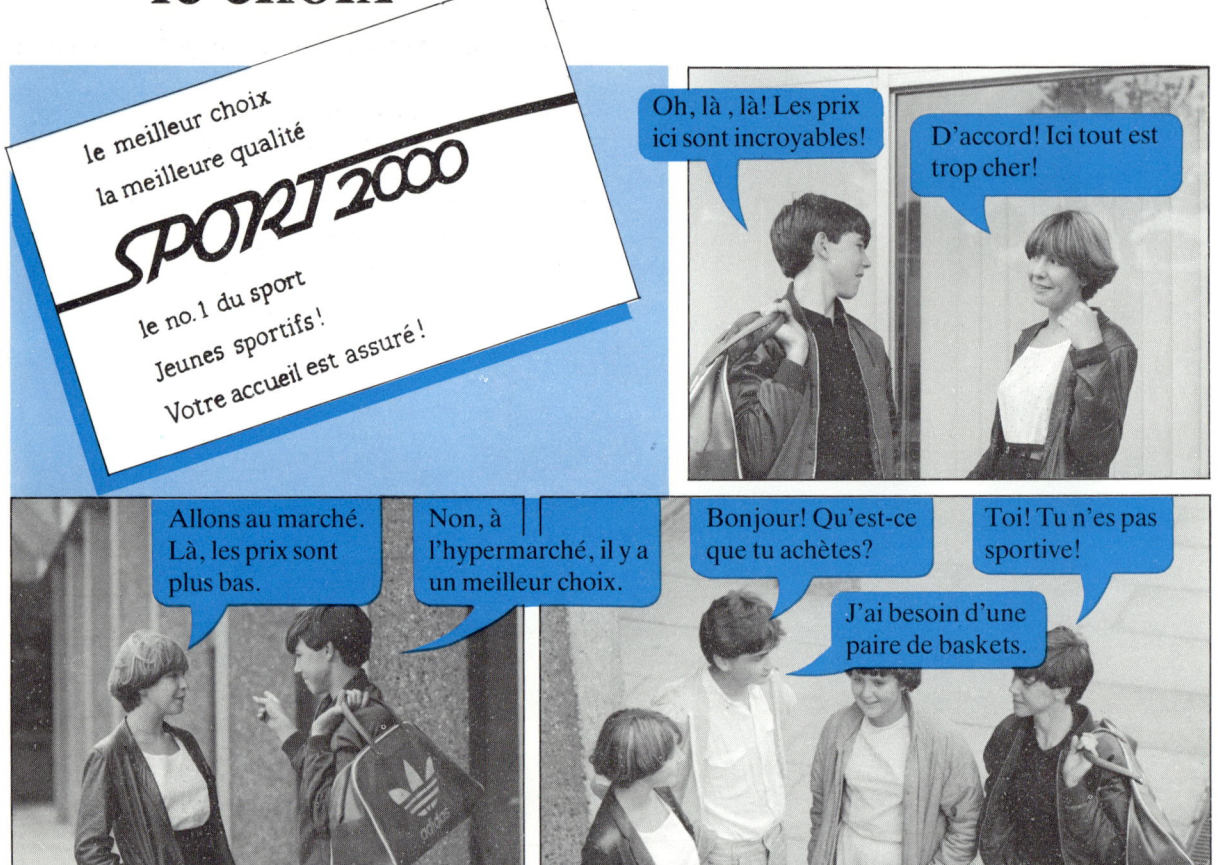

le meilleur choix
la meilleure qualité
SPORT 2000
le no.1 du sport
Jeunes sportifs!
Votre accueil est assuré!

Oh, là, là! Les prix ici sont incroyables!

D'accord! Ici tout est trop cher!

Allons au marché. Là, les prix sont plus bas.

Non, à l'hypermarché, il y a un meilleur choix.

Bonjour! Qu'est-ce que tu achètes?

Toi! Tu n'es pas sportive!

J'ai besoin d'une paire de baskets.

R Introduction

Christophe et Line sont allés en ville. Ils ont reçu de l'argent comme cadeau de leur oncle. Line a besoin d'une raquette de tennis et Christophe a décidé d'acheter une canne à pêche.

Les enfants sont entrés d'abord dans un magasin d'articles de sport. Ici, il y a un grand choix, mais les prix sont trop élevés. Ils sont donc allés à l'hypermarché, où les prix sont plus bas que dans l'autre magasin. Dans l'hypermarché ils rencontrent leurs amis, Alain et Sandrine, qui font des achats aussi.

De quoi s'agit-il?

1 Qui a donné de l'argent à Line et Christophe?
2 Qu'est-ce que Line a décidé d'acheter?
3 Où est-ce que les deux sont entrés d'abord?
4 Pourquoi n'ont-ils pas fait leurs achats dans ce magasin?
5 Où est-ce que les prix sont moins élevés?
6 Qu'est-ce qu'Alain cherche?

Comment le dire en français?

1 a good selection
2 better quality
3 too high (prices)

R Conversations

A. *Les copains cherchent une canne à pêche.*

ALAIN	Voilà le rayon des articles de pêche.
LINE	Et voilà les cannes à pêche. Quel modèle préfères-tu, Christophe?
CHRISTOPHE	Oh, celles-ci sont trop chères. Je cherche quelque chose de moins cher.
SANDRINE	Regarde celles-là. Les prix sont plus bas.
CHRISTOPHE	Oui, mais ces cannes sont trop courtes. Est-ce qu'il y a des cannes plus longues là-bas, Alain?
ALAIN	J'ai trouvé une canne plus longue que celles-là. Elle est sensationnelle! Regarde, je vais l'essayer.
SANDRINE	Attention à la lampe, Alain! Oh, trop tard!

Vrai ou faux? Christophe cherche une canne à pêche.
Il voudrait une canne très courte.
Christophe essaie une canne.
Il attrape une lampe.

B. *Line choisit une raquette.*

LINE	Tu aimes cette raquette-ci, Sandrine?
SANDRINE	Non, je préfère l'autre. Elle est plus lourde que celle-ci. Je crois qu'elle est plus solide aussi.
LINE	Moi, je cherche une raquette assez légère. Je ne suis pas si grande que toi, Sandrine.
SANDRINE	Bon, essaie celle-ci. C'est la plus légère de toutes, mais elle est un peu plus chère.
LINE	Ah oui, celle-ci est la meilleure pour moi. Je la prends.
SANDRINE	Viens m'aider à choisir un survêtement.

Corrigez Line est plus grande que Sandrine.
La raquette que Line préfère est plus lourde que les autres.
Cette raquette est la moins chère de toutes.

R Ecoutez bien

Sandrine choisit un survêtement. Ecoutez la conversation et répondez aux questions.

1 Pourquoi est-ce qu'elle n'aime pas le premier survêtement?
2 De quelle couleur est le deuxième survêtement?
3 De quelle couleur est le survêtement que Sandrine achète?

A écrire
Complétez les phrases à l'aide de la publicité à droite.

1 Ici on trouve les marchandises de la . . . qualité.
2 Nos prix sont les . . . bas.
3 Ici on achète . . . cher.
4 Vous trouverez un . . . choix.

Hypermarché Géant
Ici tout est moins cher!
Vous achèterez tout de la meilleure qualité
Vous trouverez ici les prix les plus bas
Nous avons le meilleur choix

pratique

Comparing things

Cet appareil Ce vélo	-ci	est	plus moins	cher solide	que	celui-là. l'autre.
Cette montre				chère solide		celle-là. l'autre.
Ces	baskets		sont	chers confortables		ceux-là. les autres.
	chaussures			chères lourdes		celles-là. les autres.

A. Revue des consommateurs. Rapport sur les transistors portatifs

	Qualité du son	Solidité	Poids	Grandeur	Simplicité	Prix
Le Minifi	★★★	★★	★★★	★★★	★★	★
Le Micronome	★★★★	★★★	★★	★★	★★★	★★
Le Sono	★★	★	★	★	★	★★★

Lequel de ces transistors est le meilleur? Les étoiles indiquent les résultats des tests faits dans nos laboratoires. Par exemple: Le Micronome est plus léger que le Sono, mais le Minifi est plus léger que le Micronome.

Qu'est-ce que vous pouvez dire au sujet des trois transistors?

Ecrivez cinq phrases et faites votre choix.
Je préfère le . . . , parce que cet appareil est . . .

Expressions utiles
La qualité du son du . . . est meilleure que celle du . . .
Le . . . est plus/moins solide que les autres.
Le . . . est le plus/moins | lourd | des trois.
                                       | léger |
                                       | petit |
                                       | simple |
Le prix du . . . est plus/moins élevé que celui du . . .

Comparing people

Sandrine	est	plus moins	grande sportive intelligente	que	Line.
Alain			sérieux gentil âgé		Christophe.

B. Qu'est-ce qu'on peut dire au sujet de ces trois garçons?
exemple
Marc est plus grand que Michel.

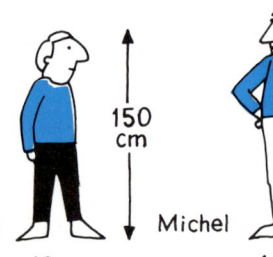

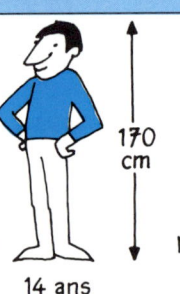

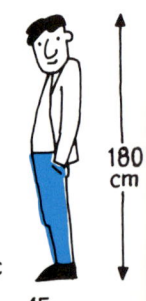

Richard — 150 cm — 16 ans
Michel — 170 cm — 14 ans
Marc — 180 cm — 15 ans

débrouillez-vous

Fringues
PRIX-CHOC
85F 60F
Jean
Blouson
30F T-shirt 55F
Sweatshirt
Nous écrasons les prix

on se chausse chez
Savate
hommes
femmes
enfants
Baskets à partir de 89F

Mode ultra-mod
rêves
★ Jean à partir de 129F
★ Sweatshirt à partir de 99F
★ Polo à partir de 129F

La quinzaine commerciale de printemps

Pendant deux semaines, les commerçants de la ville vont vous offrir des prix même plus intéressants que d'habitude. Dans les vitrines des boutiques vous trouverez un grand choix de vêtements à la mode, de tous les styles.

C'est pendant ces deux semaines de soldes que les clients prudents s'habillent. A la fin de la quinzaine les prix remonteront. Dépêchez-vous donc, chers lecteurs! N'oubliez pas que le vieux quartier est maintenant piétonnier. Vous pourrez faire du lèche-vitrine sans être écrasé par une voiture. Vous passerez des heures à faire votre choix. Vous regarderez dans les vitrines, vous entrerez dans la boutique de votre choix, et vous en ressortirez satisfait.

Répétons que tout le monde est assuré de trouver son style, depuis les modes classiques jusqu'à la mode aux couleurs vives de la disco. Mesdames, messieurs, vous serez satisfaits.

les vêtements pour l'homme de demain
Dandy
COMPLETS
PANTALONS
CHEMISES
VESTES

on se chausse mieux ici
Meilleur choix !
Meilleure qualité !
Meilleurs prix !
Nos baskets à partir de 80F
La Patte

Boutique Snobinette
les meilleures modes de Paris
robes ♥ jupes ♥ chemisiers
la jeune fille bon chic s'habille ici
❀ en promotion
pulls en laine
polo 175F ❀

? Travaillez en groupes. Posez des questions à tour de rôle au sujet de l'article ci-dessus et des annonces des boutiques.

exemples
Où est-ce qu'on va si on a besoin de . . . ?
Laquelle des boutiques est spécialiste de . . . ?
Où est-ce qu'on trouve les dernières modes pour . . .?

R Ecoutez la conversation entre la cliente et l'hôtesse. Répondez aux questions enregistrées.

ALLO COMMANDE
Plus rapide . . . plus pratique . . . la commande par téléphone
Renseignez-vous sur les prix et les autres détails des articles que vous voulez commander.
L'hôtesse à laquelle vous téléphonerez est en contact direct avec notre ordinateur.
Elle interrogera pour vous l'ordinateur, qui répondra immédiatement.

moi et toi

> Où est-ce qu'on trouve les meilleurs styles – et les meilleurs prix?

> Pourquoi pas aller au marché? Les prix sont très raisonnables.

> Mais il y a moins de choix que dans un grand magasin.

Moi, je préfère aller
- au marché.
- à l'hypermarché.
- au grand magasin.
- à la boutique.

- Il y a un meilleur choix.
- Les marchandises sont de meilleure qualité.
- C'est plus pratique.
- C'est plus rapide.
- C'est plus animé.
- C'est plus agréable.
- Les prix sont plus bas.
- On y trouve les derniers styles.
- Il est plus facile d'essayer les vêtements.

Moi, je déteste aller dans les magasins.
Je préfère
- commander par téléphone.
- acheter par correspondance.

R A l'écoute
Ecoutez la conversation entre les jeunes Français. Répondez aux questions.

Line te demande
Est-ce qu'il y a des grands magasins près de chez toi?
Est-ce qu'il y a un marché? Tu aimes aller au marché?
Où est-ce que tu préfères acheter des vêtements? des cadeaux?
Où est-ce que tes parents achètent les provisions?
Pose d'autres questions comme celles-ci à ton partenaire.

Le magasin des jeunes
Qu'est-ce que les jeunes désirent dans un magasin? Quels rayons? Un café? Des vendeurs ou le libre service? Un magasin ouvert le soir? Le dimanche? Où?

Guide Chez Nous

Ecrivez quelques phrases pour dire à un jeune visiteur où trouver les meilleurs magasins et boutiques pour les jeunes dans votre localité. Où est-ce qu'on achète les vêtements, les disques, la papeterie, les livres et les revues, etc.? Où est-ce que les jeunes ne vont pas? Pourquoi pas? Est-ce que les jeunes aiment les marchés?

à écrire

Allô commande!

Nicole n'a pas d'argent pour acheter un cadeau pour l'anniversaire de son frère, David. Elle aime bricoler; elle a donc décidé de fabriquer un range-tout pour David, qui ne réussit jamais à trouver ses affaires, parce que sa chambre est toujours en désordre.

A. Racontez l'histoire en vous servant des expressions à droite.

1. David — très content de — Nicole — prendre beaucoup de soin
2. Nicole et mère — hypermarché — faire des achats — remarquer range-tout — prix élevé — moins beau — moins pratique
3. mettre petite annonce — journal — moins cher — Nicole commencer — fabriquer
4. téléphone sonner sans cesse — Nicole travailler sans cesse
5. après dix jours — cent commandes — dix range-tout — que faire? — fabriquer cent range-tout — impossible!
6. Nicole et mère — acheter des range-tout à l'hypermarché — prix maintenant? — la bonne idée de Nicole coûte cher!

B. Ecrivez l'histoire en forme de dialogues.

checkpoints

1 Talking about plans

Can you ask a French friend if he/she . . . ?
wants to go out this evening
would like to meet your friends
expects to pass his/her exams
hopes to earn a lot of money
is thinking of working abroad
likes travelling

2 Making suggestions

How would you explain that . . . ?
you'd like to stay at home
you prefer spending the evening with your friends
you're interested in photography
you find discos boring

3 Talking about school

How do you say which of these subjects you have to study and which you don't?
English   Maths   French   Latin   Physics   Geography   History

4 Asking about options

Can you ask a French friend about his/her choice of subjects?
Does he/she find English difficult?
Is he/she good at Maths?
Is he/she interested in Technology?
Does he/she hope to learn to type?
Will he/she start German?
Is he/she going to prepare for the C.A.P.?
Which subjects does he/she hate?
Does he/she want to leave school?

5 Thinking about jobs and careers

Which of these things will you want to do and which will you have to do?
work in a factory
work abroad
work on your own
spend all day in the open air
travel a lot
pass a lot of exams

6 Talking about the weather

Can you give the weather forecast for tomorrow?

le nord		le sud	
17°	16°	21°	19°
le matin	l'après-midi	le matin	l'après-midi

checkpoints

| **7 Finding out** | Can you ask which is/are better? |

| **8 Making your choice** | Can you say which one you'll take? |

| **9 Giving directions** | Could you give a French tourist directions?
the bank — opposite the station
the hospital — about 10 minutes walk
the No.3 bus for the station
the second turning on the right for the Post Office
the Bus Station — on the other side of town |

| **10 Finding out about services** | You're in a French town. Can you find out . . . ?
if there's a bank near here
how far it is to the station
what time the Post Office shuts
where you can change money
which bus you take for the station
where the market is
if the swimming pool is open today |

| **11 Spelling and Numbers** | Can you spell out these words in French?
Ecosse   hypermarché   sous-sol   rez-de-chaussée   technologie

Can you say these numbers in French?
79   88   97   121   268   1 111   20 344   352 999 |

| **12 Talking about shopping** | How would you ask a French friend . . . ?
if the prices are cheaper at the Commercial Centre
if there is a good choice of clothes at the market
if there is a good shop to buy souvenirs
if you can buy records at the supermarket
where he/she usually buys paper and pens |

13 A votre santé!

In this lesson you will learn
how to talk about what you used to do and what used to happen
how to talk about what you no longer do
how to understand and give instructions

A votre santé
La forme, je suis pour!

Pour vous mettre en forme, essayez notre programme 'Au point'

- 6.30 entraînement et gymnastique avec Bernard
- 12.00 yoga avec Brigitte
- 18.30 jogging avec Philippe
  (ou 10 kms de course pour les durs avec Marie-Paule)
- Au choix Disco/vélo/piscine/basket-ball/volley-ball/ping-pong

Alors, on recommence? Je suis vraiment en forme, n'est-ce pas?

Je n'en peux plus. Je suis crevé!

R Introduction

Quand on est en forme tout va mieux, le travail, les études, les loisirs. On dort mieux, on mange mieux, on s'amuse mieux. Mais pour garder la forme et la santé, il faut se donner de l'exercice.

Ici au Centre, il y a un grand choix d'activités sportives. Pour ceux qui n'aiment pas les sports ou la gymnastique, il y a la disco et la piscine. On peut emprunter un vélo pendant un séjour ici pour faire une promenade. Une demi-heure de vélo par jour, ce n'est pas trop fatigant, même pour un professeur!

De quoi s'agit-il?

1 Qu'est-ce qu'on peut faire à six heures et demie?
2 Qui fait du yoga à midi?
3 A quelle heure est-ce que Marie-Paule fait de la course?
4 Combien de kilomètres est-ce qu'elle fait?
5 Qu'est-ce qu'on peut emprunter pour se donner de l'exercice?
6 Qu'est-ce qu'on peut faire le soir comme exercice?
7 Qu'est-ce qu'on fait à la piscine?

Comment le dire en français?

1 health
2 you sleep better
3 worn out
4 fit

13

R Conversations

A. *Sandrine joue au ping-pong avec son amie Gaby, qui passe les vacances de Pâques chez Sandrine.*

SANDRINE	Voilà, j'ai gagné! C'est la première fois.
GABY	Bravo! Tu joues très bien. Tu ne jouais pas comme ça quand tu habitais à Lyon.
SANDRINE	C'est vrai. Je n'aimais pas les sports alors.
GABY	Mais qu'est-ce qui s'est passé?
SANDRINE	Oh, tu sais, ici au Centre, on joue tous les jours. A Lyon, j'écoutais des disques, je regardais la télé, je travaillais.
GABY	Dis, on va à la disco ce soir?
SANDRINE	Bien sûr, si tu veux. Mais toi, tu ne dansais pas quand j'habitais à Lyon.
GABY	A Lyon on travaillait, ici on s'amuse.

Vrai ou faux?
Sandrine a gagné.
Sandrine n'aime pas les sports.
Gaby ne veut pas aller à la disco.

B. *Philippe a invité son ami Gérard pour le weekend. Gérard travaille à Paris depuis quelques mois.*

GERARD	Salut, mon vieux. Me voilà enfin.
PHILIPPE	Tiens, Gérard, tu as l'air . . . euh . . .
GERARD	Oui, je sais, j'ai pris vingt kilos.
PHILIPPE	Mais comment? Tu étais toujours très sportif.
GERARD	Avant d'arriver à Paris je faisais beaucoup de sports et j'allais partout à vélo.
PHILIPPE	Ah, je comprends. A Paris tu prends le Métro.
GERARD	Quand j'étais étudiant je ne prenais jamais l'autobus pour économiser de l'argent, mais . . .
PHILIPPE	Maintenant tu gagnes beaucoup, tu manges bien, tu bois trop de vin, tu ne fais jamais d'exercice.
GERARD	Oui, mais tout va changer. J'ai pris une résolution.

Corrigez
Gérard a perdu vingt kilos.
Gérard va partout à vélo.
Gérard ne boit jamais de vin.

R Ecoutez bien

Ecoutez la conversation de Philippe, de Brigitte et de Gérard et répondez aux questions.

1 Quand est-ce que Gérard va commencer son programme d'exercices?
2 Qu'est-ce qu'il compte faire au moment de se lever?
3 Quel est son sport préféré?
4 Qu'est-ce qu'il va boire?
5 Qu'est-ce qu'il ne va plus manger?

A écrire

Complétez les phrases en utilisant les mots dans la case.

depuis
toujours
par
de   après

1 On ne fait pas de yoga . . . un repas.
2 Je fais une demi-heure de vélo . . . jour.
3 Il faut se coucher . . . bonne heure.
4 Tout a changé . . . mon arrivée ici.
5 Je suis . . . fatigué.

pratique

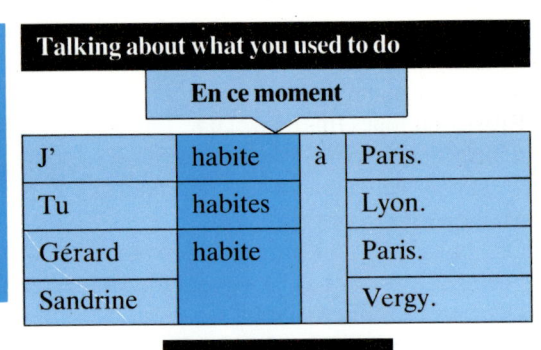

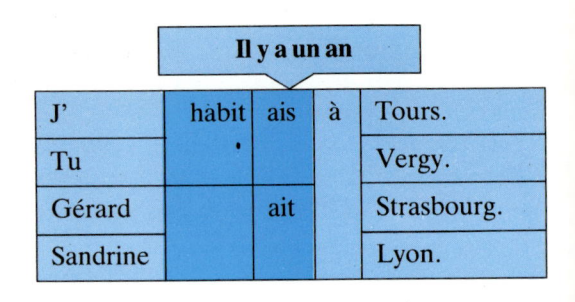

Talking about what you used to do

En ce moment

J'	habite	à	Paris.
Tu	habites		Lyon.
Gérard	habite		Paris.
Sandrine			Vergy.

Il y a un an

J'	habit	ais	à	Tours.
Tu				Vergy.
Gérard		ait		Strasbourg.
Sandrine				Lyon.

Tout a changé!

Depuis son arrivée à Vergy...

Sandrine	travaille	bien.
	joue	au ping-pong.
	danse	souvent.
	aime	les chiens.
	passe	son temps libre au Centre.

Avant son départ de Lyon...

Elle	travaill	ait	mal.
	jou		aux cartes.
	ne dans		jamais.
	aim		les chats.
	pass		son temps libre à la maison.

A. Qu'est-ce que Sandrine dit à Gaby?

exemple
A Lyon, je travaillais mal.

B. M. Tirelire, le millionnaire, raconte l'histoire de sa vie:

Maintenant...	mais quand j'étais jeune...	
Je suis riche.	J'étais	pauvre.
J'ai un château.	J'avais	un petit appartement.
Je vais partout en auto.	J'allais	partout à pied.
Je fais la chasse aux tigres.	Je faisais	du vélo.
Je mange du caviar.	Je mangeais	du pain sec.
Je bois les meilleurs vins.	Je buvais	du cidre.

Mais tout ne va pas bien:

Je ne dors pas.	Je dormais	bien.
Je sors très peu.	Je sortais	souvent.
Je me sens malade.	Je me sentais	bien.

1. Ecrivez l'histoire de M. Tirelire:
exemple
Quand il était jeune, il était pauvre.

2. Racontez l'histoire triste de Suzy, la fille d'un millionnaire qui a perdu tout son argent:
exemple
Quand j'étais jeune, j'avais un château.

C. En ce moment, Laure a 14 ans. Elle est en 3ᵉ. Elle mesure 158cms. Elle pèse 50 kgs. Elle fait de la gymnastique. Elle apprend l'allemand.

L'année dernière, Laure avait 13 ans. Elle était en 4ᵉ. Elle mesurait 152 cms. Elle pesait 45kgs. Elle faisait de l'athlétisme. Elle apprenait l'anglais.

1. Qu'est-ce que Laure dit au sujet de l'année dernière?
   exemple   J'avais treize ans.
2. Ecrivez quelques phrases au sujet de Marc. Utilisez les notes ci-dessous:

	âge	classe	hauteur	poids	sport	langue étrangère
cette année	15	2ᵉ	165 cms	60 kgs	natation	espagnol
l'année dernière	14	3ᵉ	160 cms	57 kgs	cyclisme	allemand

3. Et toi? L'année dernière, quel âge avais-tu? etc.

D. C'est le 21ᵉ siècle. Vous avez trente ans. Vous écrivez une lettre à un jeune ami de quinze ans, dans laquelle vous lui parlez de votre vie à quinze ans.

Quand	j'avais quinze ans
	j'étais jeune
	il faisait beau
	il pleuvait
	il neigeait
on	s'amusait bien
	travaillait
	passait
	avait
souvent	
quelquefois	

1. Utilisez les expressions dans la case (à droite).

2. Ajoutez d'autres détails si vous voulez.

Les ennemis de la santé

Pour garder la santé, il ne suffit pas de faire du sport. Il faut aussi assez manger d'aliments sains et nourrissants.

L'ennemi numéro un de la santé est le sucre. Le sucre se trouve dans beaucoup de produits et de boissons que les jeunes consomment très souvent.

Ceux qui mangent trop et ceux qui ne mangent pas assez sont également les ennemis de leur propre santé.

Si vous voulez garder votre forme et votre énergie et rester en bonne santé, préférez les légumes frais et verts, les fruits crus. Ne bouffez pas de chocolat, de chips, de frites, de glaces. Ne consommez pas trop de viande, de fromage, d'œufs ou de lait.

Votre santé, c'est votre vie!

E. Using the article on the left, write five rules for a healthy diet (in English).

R A l'écoute

Ecoutez les conseils de Radio 4S.

Notez trois produits qui sont dangereux pour la forme.

débrouillez-vous

En forme

Retrouvez votre forme en faisant dix minutes d'exercices très simples avec vingt minutes de jogging ou de vélo trois fois par semaine. Ce n'est pas difficile et vous vous sentirez au sommet de votre forme. Même si on est toujours très pressé, on a toujours du temps à consacrer pour rester en bonne santé.

1. **Exercice debout**
Course sur place 30 pas

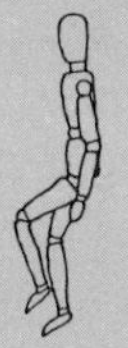

   Mettez-vous sur la pointe des pieds, et faites un pas de course sur place, en levant très haut les genoux. Relâchez vos bras, comme une poupée de chiffon. Inspirez et expirez sur 3 pas.

2. **Exercice sur le dos**
Pédaler 30 fois

   Couchez-vous sur le dos. Levez les jambes et décollez les épaules du sol. Pédalez en l'air. Respirez vite.

3. **Exercice sur le ventre**
Faire l'arc 10 fois

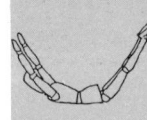

   Bien couché à plat sur le ventre, élevez lentement les jambes et les bras. Dessinez un arc avec votre corps, les bras tendus en avant, les paumes de la main tournées vers le sol.

4. **Exercice à genoux**
Rotation du torse 10 fois

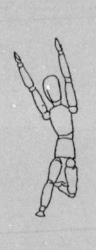

   A genoux, portez la jambe gauche vers le côté, en la tendant bien droite. Levez les deux bras à la verticale. Faites une rotation complète du torse. Les mains doivent presque toucher le sol quand vous vous penchez en avant.

5. **Exercice assis**
Extension du torse 10 fois

   Assis sur le plancher, le torse droit porté en avant en la tendant bien. Pliez le genou gauche et placez le pied gauche derrière vous. Penchez-vous en avant, les deux bras tendus et touchez la cheville droite. Recommencez cinq fois avant de changer de jambe.

6. **Exercice debout**
Faucher 20 fois

   Station debout, pieds écartés. Faites de grands mouvements horizontaux des deux bras parallèles. Tournez le torse, mais gardez immobiles les hanches.

7. **Une minute (au moins) de relax**

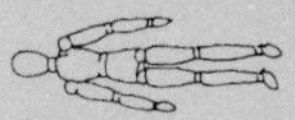

   Couchez-vous sur le dos, en vous transformant en poupée de chiffon. Respirez lentement (inspirez bouche fermée, expirez bouche ouverte).

8. **Une minute d'extensions**

   Faites quelques extensions profondes et lentes pour finir.

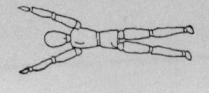

R A l'écoute

Ecoutez la conversation entre Bernard et Philippe, qui veut retrouver sa forme. Répondez aux questions.

Travail à deux

Chacun prépare un programme d'exercices pour son partenaire. Il faut préciser les jours, les heures et la durée de chaque activité.

?

Posez des questions pour apprendre le programme que votre partenaire a préparé pour vous.

Vous pouvez inventer votre propre programme si vous voulez.

Pour choisir un sport

On choisit un sport qu'on trouve agréable comme exercice et comme activité sociale. Il faut aussi penser à la possibilité de pratiquer un sport. Par exemple, le ski est un exercice excellent, mais on ne peut pas le pratiquer tous les jours – si l'on n'habite pas en haute montagne!

Le tableau ci-dessous vous aidera à choisir un sport pour garder votre forme.

LA FORME + LA SANTE = LA JOIE DE VIVRE

effets apportés par la pratique de chaque activité		
excellent ★★★		
apporte un effet important ★★		
pas très efficace ★		

Sports et activités

	badminton	basket-ball	canoë-kayak	cyclisme (rapide)	danse (disco)	football	footing (jogging)	gymnastique	hockey	judo/karate	marche (rapide)	natation (rapide)	patin à roulettes	pêche	ping-pong	squash	tennis	volley-ball
pour la résistance	★★	★★★	★★	★★	★★	★★	★★	★	★★★	★★★	★★	★★★	★★	★	★	★★	★★	★★
pour la souplesse et l'équilibre	★★	★★	★★	★	★★★	★★	★	★★★	★★	★★★	★	★★	★★	★	★★	★★	★★	★★
pour la puissance des muscles, des poumons et du cœur	★★	★★	★★★	★★	★	★★	★★	★★	★★	★★★	★	★★	★★	★	★	★★	★★	★★

Pour apporter un effet utile, il faut pratiquer un sport assez souvent pour une période d'au moins vingt minutes. Trois fois par semaine est le minimum.

moi et toi

13

Tu aimes le football?

Tu préfères le tennis?

Alors, tu danses?

Mais, qu'est-ce que tu fais comme exercice?

Mais tout le monde a besoin d'un peu d'exercice. Qu'est-ce que tu fais pour te décontracter?

!!! (Imaginez la réponse.)

Non, je n'aime pas les sports d'équipe.

Non, je déteste les sports de compétition.

Non, c'est trop énergique pour moi.

Oh, tu sais, je n'ai pas envie de faire du sport. Je trouve ça vraiment cassant.

Quand je m'énerve, je regarde le catch à la télé. Ça me détend!

Line te demande
Et toi, tu es paresseux comme Christophe ou énergique comme moi?
Qu'est-ce que tu fais comme sport?

R Ecoutez la conversation des membres du Foyer 4S. Quels sports pratiquent-ils?

| Alain | Line |
| Sandrine | Jacques |

Où? Au centre
     Au collège

Quand? Après les cours
       En fin de semaine

Pourquoi? Pour la forme
          Pour s'amuser

Travail en groupe
Chacun choisit un sport. Il faut expliquer pourquoi on l'a choisi, et dire où on peut le pratiquer dans la localité. Quand est-ce qu'on va le pratiquer? Avec qui? Ça va coûter cher?

A écrire
Ensuite écrivez quelques phrases au sujet des sports que les membres du groupe ont choisis.

à écrire — Souvenirs

Monique a déjà passé deux mois à Paris. Elle écrit encore une lettre à Robert.

Robert, lui aussi, fait un stage, mais pas à Paris. Il a passé six semaines à Lyon. Après la fin de son stage, il va rentrer à Vergy.

Il a perdu 3 kgs, parce qu'il va partout à vélo. A Vergy il avait sa moto. Il ne joue plus au ping-pong, mais il joue au volley-ball.

A Vergy, il avait beaucoup de temps libre, mais maintenant il est occupé presque tout le temps.

Il aime Lyon, parce que d'habitude il fait beau. A Vergy, il pleuvait souvent.

Paris, le 10 mai

Cher Robert,

Déjà deux mois ont passé depuis mon arrivée à Paris. Il ne reste que deux semaines de stage. Tout va très bien. J'ai fait de grands progrès, surtout en anglais, et on m'a dit que je pourrai aller à New-York pour travailler en automne.

Je m'amuse bien ici, mais je regrette la vie de Vergy. Ce que je trouve le plus difficile, c'est que je dois passer presque tous les soirs à étudier. Tu te souviens, à Vergy la bande se réunissait au Café du Château, on buvait du café, on écoutait le jukebox, on dansait. On s'amusait bien. Bien sûr, il y a un tas de choses à faire à Paris, mais ça coûte cher, et tout le monde est très occupé.

Horreur! J'ai pris deux kilos depuis mon arrivée. C'est parce que je prends le Métro – à Vergy j'allais partout à pied ou en vélo. Je ne vais plus prendre le Métro, je vais me lever une demi-heure plus tôt, je vais faire mes exercices et je vais aller en classe à pied. Souhaite-moi bonne chance!
Ecris-moi bientôt,
Bisous,
Monique

A. Trouvez les erreurs et corrigez-les.
1. Monique est à Paris depuis six semaines.
2. Elle compte rentrer à Vergy à la fin du stage.
3. A Vergy, elle allait partout à moto.
4. Robert n'avait pas de temps libre à Vergy.
5. Il faisait souvent beau à Vergy.
6. Monique passe les soirs au Café du Château à Paris.
7. Robert jouait au volley-ball à Vergy.
8. Monique buvait de la bière au Café du Château.

B. Ecrivez la lettre de Robert à Monique. Faites la comparaison entre sa vie à Lyon et sa vie à Vergy. Qu'est-ce qu'il fait, qu'est-ce qu'il ne fait plus? Inventez des détails si vous voulez.

14 SOS premiers secours

In this lesson you will learn
how to explain what was going on when something happened
how to report what has happened
how to describe how you feel

Téléphones d'urgence

Police-secours	17
Pompiers et Ambulances du Centre de Secours	18
S.A.M.U. (Accident, Urgences, Réanimation, 24h. sur 24)	63.00.03
Centre anti-poisons	63.24.01
Brûlures	67.91.91
Hôpital Général: urgences et ambulances	85.11.22
Croix-rouge	72.49.81
Gendarmerie: Section d'Hélicoptères pour Sauvetage en Mer	58.29.55
Soins dentaires urgents: Ecole Dentaire	72.96.60
Electricité de France – Gaz de France: Urgences	52.90.90
Service des Eaux	42.49.25

R Introduction

Que faire en cas d'urgence à la maison? Il vaut mieux être toujours préparé. On n'a pas le temps d'aller chercher ce qu'il faut quand un accident se produit. L'armoire à pharmacie doit toujours contenir tout ce dont on aura besoin en cas d'urgence.

Pensez aussi à noter les numéros de téléphone les plus importants. On n'a pas le temps de chercher l'annuaire quand un incendie se produit. Placez les numéros d'urgence là où tout le monde les verra immédiatement.

De quoi s'agit-il?

1 Quel numéro est-ce qu'il faut appeler si on a besoin des pompiers?
2 Quel est le numéro du service d'urgence de l'Hôpital Général?
3 Quand est-ce qu'on peut téléphoner au S.A.M.U. (le Service d'aide médicale urgente?)
4 Où est-ce qu'on cherche les numéros de téléphone?

Comment le dire en français?

1 emergency service
2 sea rescue
3 burns

R Conversations

A. *Bernard est le secouriste au Centre. Il a fait des stages de secourisme et de réanimation. Un jour deux stagiaires arrivent en courant.*

POSTE de SECOURS
Moniteur de Secourisme

HELENE	Bernard, Bernard, viens vite!
BERNARD	Mais qu'est-ce qui s'est passé?
NICO	Nous jouions dans le parc quand Thomas est tombé.
HELENE	Il s'est fait mal à la jambe.
BERNARD	Bon, j'arrive. Dites, qu'est-ce que vous faisiez quand Thomas est tombé?
NICO	Euh, nous grimpions dans les arbres.
BERNARD	Ah, le voilà. Dis, Thomas, où as-tu mal?
THOMAS	Oh, aïe, j'ai mal à la jambe.
BERNARD	Alors, voyons. Hmm, tu t'es tordu la cheville. Ce n'est pas grave. Viens, essaie de te lever.

Vrai ou faux?
Thomas grimpait dans un arbre quand il est tombé.
Bernard s'est fait mal à la jambe.
Thomas s'est tordu la cheville.

B. *Jacques et Michel entrent dans la pharmacie.*

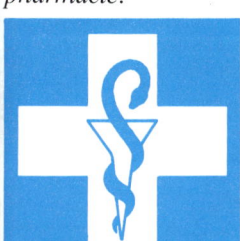

JACQUES	Monsieur, mon copain est blessé.
LE PHARMACIEN	Tiens! Asseyez-vous là, jeune homme. Qu'est-ce qui s'est passé?
JACQUES	Nous traversions la rue quand une moto l'a renversé.
LE PHARMACIEN	Bon, laissez-moi voir. Vous avez un gros bleu au front. Vous avez mal à la tête?
MICHEL	Oui, monsieur. J'ai un mal de tête affreux, et je ne vois pas très bien.
JACQUES	Il s'est coupé la main aussi. Il portait une bouteille qui s'est cassée.
LE PHARMACIEN	Ça saigne beaucoup, mais ce n'est pas grave. Alors, je vais soigner la blessure à la main, mais je vais appeler le médecin pour la tête.
JACQUES	C'est grave, monsieur?
LE PHARMACIEN	Probablement pas, mais il vaut mieux être sûr.

Corrigez
Michel traversait la rue quand un vélo l'a renversé.
Jacques portait une bouteille qui s'est cassée.
Le pharmacien va soigner la blessure à la tête.

R Ecoutez bien

Ecoutez l'appel au S.A.M.U. Répondez aux questions.

A écrire

1 En cas d'incendie on appelle les . . . .
2 On appelle le dentiste si on a . . . .
3 On prend de l'aspirine si on a . . . .
4 Si on est malade on va chez . . . .

pratique

Talking about what people were doing when something happened

On	jou	ait	au basket-ball
Nous	aid	ions	Xavier
Vous	fais	iez	du ski
Ils	grimp	aient	dans un arbre

quand

Line s'est tordu le poignet.
Jacques s'est brûlé la main.
Alain s'est cassé le bras.
Sandrine s'est coupé la jambe.

A. Qu'est-ce que tout le monde faisait quand Christophe a brûlé la tente?

exemple Les copains jouaient au volley-ball quand Christophe a brûlé la tente.

les copains	Bernard	Xavier	Marie-Paule et Brigitte	Jacques
jouer au volley-ball	réparer sa moto	préparer le déjeuner	travailler au bureau	faire du sport

B. Racontez votre journée.

08.00	10.30	12.30	15.00	18.00	19.45	21.00
prendre le petit déjeuner	boire du café	déjeuner	jouer aux boules	écouter la radio	préparer le souper	faire la vaisselle

Qu'est-ce que vous faisiez quand . . . ?
exemple
Quand le facteur est passé nous prenions le petit déjeuner.

	08.00	le facteur – passer
1	10.30	Alain – téléphoner
2	12.30	Anne – arriver
3	15.00	Les Duval – passer
4	18.00	Edouard – partir
5	19.45	Jeanne – téléphoner
6	21.00	Edouard – rentrer

Talking about how you did something

Je me suis fait mal. → Comment? →

| Je suis tombé J'ai glissé J'ai reçu un choc | en | travers descend répar | ant | la rue. l'escalier. une lampe. |

C. Histoire triste

Tu as entendu la nouvelle? Ariane est à l'hôpital.

Dis, comment elle s'est fait mal?

| Elle | s'est | brûlé coupé tordu cassé | le doigt la main la cheville la jambe | en | prépar coup mont sort | ant | du café. du sparadrap. dans l'ambulance. de l'hôpital. |

Qu'est-ce qu'Ariane dit? *exemple* Je me suis brûlé le doigt en préparant du café.

débrouillez-vous

Protéger, alerter, secourir

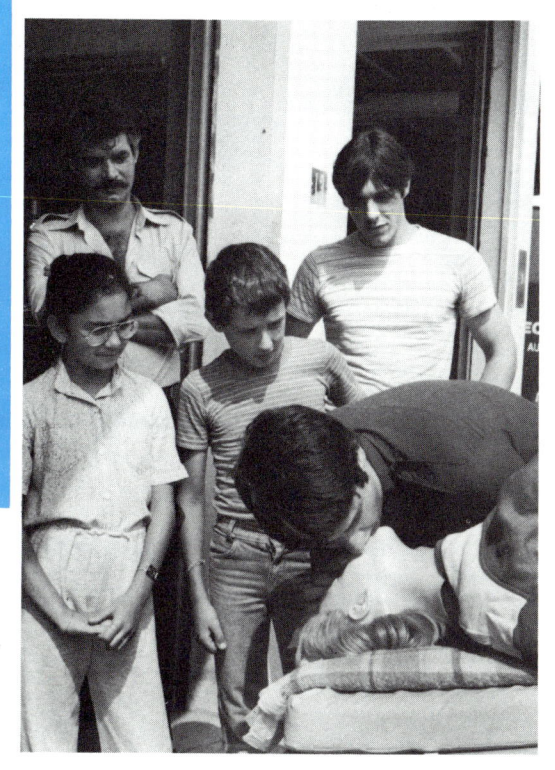

100 000 Français chaque année reçoivent une formation gratuite à la Croix-rouge.

R A l'écoute
Ecoutez l'annonce de la Protection civile.
Répondez aux questions:
1 Nommez trois causes d'accidents à la maison.
2 Qui sont les personnes les plus souvent touchées par les accidents à la maison?
3 Comment est-il possible d'éviter la plupart des accidents à la maison?

Travail à deux
Posez des questions au sujet de l'article ci-contre et de la photo.
exemples
Où est-ce qu'un accident peut arriver?
Qu'est-ce qu'on doit savoir?
Où est-ce que les jeunes Français reçoivent une formation de premiers secours?
Qui est responsable de cette formation?

En France, la loi impose l'obligation de porter assistance à une personne en danger. C'est un devoir très simple:
- Ⓟ Protéger la victime et les autres personnes,
- Ⓐ Alerter les services de secours,
- Ⓢ Secourir de son mieux.

Tout le monde a peur de ne pas savoir quoi faire en cas d'accident. On a peur d'être dangereux pour la victime en essayant de l'aider.

Chacun de nous a besoin d'apprendre la conduite à tenir en présence des incidents et accidents de la vie courante et les mesures de prévention qui peuvent les éviter.

En France, les écoles et les collèges donnent une formation simple qui permet aux élèves de se débrouiller si un incident imprévu se produit à la maison, sur la route, à l'école ou au collège, en vacances ou pendant les loisirs.

Dans les collèges, les professeurs d'éducation physique et de sciences naturelles sont chargés de ces cours, aidés par les infirmières de l'établissement et avec l'apport de la Protection civile et de la Croix-rouge.

A partir de douze ans, les élèves reçoivent une formation pratique sur les notions de prévention d'accidents et prévention contre le feu.

Il est question de l'enseignement de notions très simples:
1 Gestes simples de premiers secours – la conduite à tenir en présence d'un accident de la route.
2 Le sujet ne respire pas (réanimation bouche-à-bouche).
3 La victime a une plaie grave (qui saigne ou ne saigne pas).
4 Autres accidents – saignements divers, brûlures, fractures, etc., et prévention.
5 Eléments d'information – comment alerter le médecin, que faire en l'attendant, rôle et action de la Croix-rouge.

Tous les candidats au permis de conduire ont besoin de l'attestation donnée à ceux qui ont reçu cette formation.

moi et toi

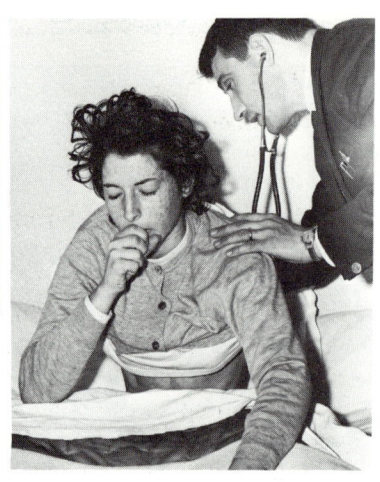

Tu es malade! Je suis désolée! Qu'est-ce que tu as?

J'ai la grippe.

Comment tu te sens?

Pas trop mal aujourd'hui. Hier, j'avais mal partout.

Quand on passe chez un copain malade, on veut lui donner du courage. Ne lui donnez pas le cafard en lui parlant de choses tristes ou de vos propres maladies!

Les maladies de l'enfance: la rougeole, la rubéole, la scarlatine, la varicelle, les oreillons

Le visiteur	Le malade
Comment tu vas? Ça va?	Pas très bien. Comme ci, comme ça. Pas trop mal. Ça va mieux maintenant.
Ça va mieux aujourd'hui?	Oui, hier, c'était affreux. J'avais de la fièvre.
Où est-ce que tu as mal?	J'ai mal à la tête (aux oreilles, etc).
Tu as pris quelque chose contre la fièvre? (le mal de tête?)	Oui, j'ai pris de l'aspirine (des comprimés).
Depuis combien de temps es-tu malade?	Depuis ce matin . . . deux jours . . . une semaine.
Tu veux jouer aux cartes?	Non, merci, je passe le temps à regarder la télé. J'ai envie de dormir tout le temps.
Tu veux quelque chose à boire?	Oui, j'ai terriblement soif.
J'espère que tu vas bientôt te sentir mieux.	Merci bien. Viens me voir demain, d'accord?

Travail à deux
Jouez les rôles du visiteur et du malade en changeant les détails comme vous voulez.

R A l'écoute
Ecoutez la conversation au téléphone. Répondez aux questions du médecin.

A écrire
Ecrivez une note au professeur pour expliquer qu'un de vos copains est malade ou qu'il s'est fait mal.

Enquête
Faites une enquête au sujet des maladies et des accidents.
Quelles maladies est-ce que les membres de la classe ont eues? Qui a passé du temps à l'hôpital après un accident? Combien de personnes se sont cassé le bras?
Quand? Où? Comment?

à écrire

Que faire en cas d'urgence?

Etes-vous sûr de pouvoir vous débrouiller en cas d'urgence?
Savez-vous que faire si un accident se produit au collège, à la maison, en route, en ville ou au terrain de sports?
Est-ce que vous savez quand il faut appeler le médecin ou les services de secours?
Est-ce que vous savez que faire en attendant leur arrivée?
Testez-vous: posez des questions à vos copains pour savoir qui est bien préparé.

> **Tout le monde doit être préparé à tout** ✚
>
> RAPPEL
> Le meilleur secouriste est celui qui
> - ne perd pas la tête
> - reste calme
> - sait exactement ce qu'il faut faire
> - sait exactement ce qu'il ne faut pas faire
>
> Le meilleur conseil
> MIEUX VAUT PREVENIR QUE GUERIR

INCENDIE (au collège ou à la maison)
Est-ce qu'il y a des extincteurs?
Comment est-ce qu'on s'en sert?
Comment sortir? Où sont les sorties de secours?
Quels détails faut-il donner aux pompiers?

PANNE D'ELECTRICITE, DE GAZ, D'EAU
Savez-vous couper le gaz, l'eau, l'électricité? Savez-vous changer un fusible? Où trouver une lampe?

ACCIDENT
Où se trouve la boîte ou l'armoire à pharmacie?
Qui est responsable? Un professeur, une infirmière?
Où trouver cette personne?
Quels détails faut-il donner?

MALADIE
Savez-vous quand il faut prendre de l'aspirine et aller au lit – et quand il faut faire venir le médecin?
Quels détails faut-il donner au médecin?

Avez-vous reçu une formation de secourisme? Où est-ce qu'un jeune peut recevoir une telle formation? Au Collège? À la Croix-rouge?
 Savez-vous vous servir d'un thermomètre?
Attention! Ne prenez pas la température après: un bain chaud
 des exercices
 avoir bu (boisson chaude ou glacée)

Savez-vous expliquer à un Français comment se servir d'un thermomètre Fahrenheit?

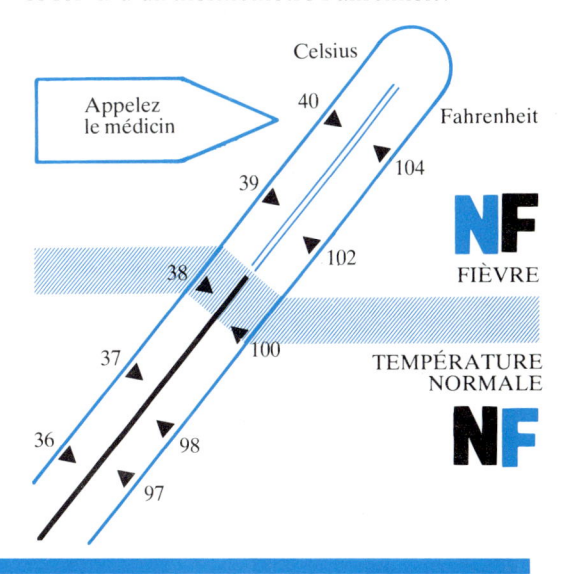

Appelez le médicin

Celsius — Fahrenheit
40 — 104
39 — 102
38 — FIÈVRE
37 — 100 — TEMPÉRATURE NORMALE
36 — 98
 — 97

NF

Guide Chez Nous

Ecrivez des notes pour un visiteur français. Expliquez tout ce qu'il faut savoir en cas d'urgence:
comment se servir du téléphone
comment sortir du collège en cas d'incendie
comment expliquer aux pompiers qu'un incendie s'est produit
où trouver l'infirmière, la boîte à pharmacie, les interrupteurs, les fusibles, etc.

15 Avez-vous vu cet homme?

In this lesson you will learn
how to describe people you've seen
how to talk about what you were going to do
how to talk about what you wanted to do, had to do or were able to do

AUDIO-VISUEL
LECLERC
grand choix de chaînes stéréo
radio
télévision vidéo

Voilà Olivier, couché par terre!

Qu'est-ce qui est arrivé? On a vu des hommes qui sortaient vite.

Je travaillais dans l'atelier quand...

Il m'a frappé avec une lampe.

BOP!

L'homme qui m'a frappé avait une moustache.

L'homme que j'ai vu avait les cheveux longs.

▶ Introduction

C'était un lundi vers cinq heures de l'après-midi. Olivier, le cousin de Line et de Christophe, travaillait seul dans le magasin de M. Leclerc.

Comme d'habitude le lundi, le magasin était fermé et M. Leclerc et sa femme passaient la journée à Paris. Olivier réparait une chaîne dans l'atelier, quand il a entendu un bruit.

Il a vu trois hommes qui entraient dans le magasin par la porte de la cour. Il allait téléphoner à la police, mais un des voleurs l'a frappé à la tête.

De quoi s'agit-il?

1 Qu'est-ce qu'Olivier faisait lundi?
2 Est-ce que le magasin était ouvert?
3 Qu'est-ce qu'Olivier allait faire quand les trois hommes sont entrés?
4 Qui a vu les voleurs?
5 Qui a téléphoné à la police?

Comment le dire en français?

1 workshop
2 to steal
3 one of the thieves

R Conversations

A. *Lundi passé, vers 5h., Line et Sandrine venaient de quitter le collège. Elles attendaient l'autobus.*

LINE	Sandrine, regarde ces hommes qui sortent du magasin de M. Leclerc.
SANDRINE	C'est bizarre ça, ils portent des boîtes, mais le magasin est fermé aujourd'hui.
LINE	Tu penses . . . c'est un vol? Tiens, c'est ça! Voilà, ils partent à la hâte — ils nous ont remarquées.
SANDRINE	Qu'est-ce qu'on fait, alors?
LINE	Vite, allons voir ce qui est arrivé. Mon cousin, Olivier, travaille pour M. Leclerc.

Vrai ou faux? Les voleurs partent parce qu'ils ont vu les filles.
Olivier est le cousin de Sandrine.

B. *Les deux filles sont entrées dans le magasin. La porte était ouverte, mais personne n'était dans le magasin.*

SANDRINE	Il n'y a personne ici. C'était peut-être des livreurs.
LINE	Des livreurs qui emportaient des marchandises? Olivier, Olivier, tu es là?
OLIVIER	Ohhh, oohhh, ooohhh!
SANDRINE	Tu entends ce bruit, Line? Oh voilà Olivier, dans l'atelier! Il est blessé!
OLIVIER	Oh, ma tête! Qu'est-ce qui est arrivé?
LINE	Il y avait des hommes . . .
OLIVIER	Ah, oui! Vite, téléphone à la police, Line.

Corrigez La porte du magasin était fermée.
Olivier était dans le magasin.
Olivier a téléphoné à la police.

C. *Deux agents sont arrivés. Ils ont posé des questions à Olivier et aux filles.*

L'AGENT	Eh bien, jeune homme, vous avez vu trois hommes?
OLIVIER	Oui, il y en avait trois, mais je n'ai vu que l'un d'eux de près. Il avait une moustache.
L'AGENT	Il était grand ou petit?
OLIVIER	Oh, il était assez grand, mais pas si grand que vous, monsieur.
L'AGENT	Il avait quel âge?
OLIVIER	Oh, il avait peut-être trente ans.
SANDRINE	L'homme que j'ai vu avait les cheveux longs et blonds.
LINE	Les autres portaient des chapeaux et des lunettes noires. On ne voyait par leur visage.

R Ecoutez bien

Ecoutez l'émission de la police et la conversation de Jacques avec l'agent. Répondez aux questions enregistrées.

livrer
voir
être
téléphoner

A écrire
Complétez les phrases en utilisant les mots dans la case.

1 Jacques . . . des épiceries quand il a . . . trois hommes.
2 Les hommes . . . des voleurs.
3 Jacques . . . à la police.

pratique

Describing the villains

L'homme	qui	a	volé	l'argent	portait	une masque.
			frappé	Olivier		un blue-jean.
Les hommes		ont	aidé	le voleur	portaient	des lunettes noires.
Les jeunes			attaqué	Jacques		des bottes.

Describing people you've seen or met

Le garçon	que		j'ai	rencontré	à la disco	avait	les yeux bleus.
		Sandrine	a	vu			seize ans.
La fille		Christophe		vue			les cheveux longs.
		Jacques		rencontrée		était	très jolie.
Les filles		Philippe		rencontrées	en ville	étaient	gentilles.

A. Les agents essaient de trouver des témoins, parce qu'il y a eu beaucoup de vols à Vergy. Ils essaient de faire le portrait-robot du voleur ou des voleurs. Ils posent des questions aux victimes des crimes et aux témoins. Notez les réponses qu'ils reçoivent.

B. Les agents continuent leur enquête. Ils veulent interroger tous les inconnus que les habitants de la ville ont remarqués la semaine passée. Voici les détails qu'ils ont notés:

exemples
L'homme qui a volé *Mme Bougnat* avait une barbe.
L'homme que *M. Bougnat* a vu avait une barbe.

1 2 3

Témoin   M. Lucas   M. Leclerc   Mme Dupo
Victime   Mme Lucas   Etienne   M. Dupont
                        Leclerc

Témoin	Où	Quand	Description de l'inconnu	Qu'est-ce que l'inconnu faisait?
Françoise	Place Notre-Dame	lundi matin 10h	30 ans, assez grand, moustache, complet	attendait un autobus
Alain	devant la Banque Populaire	mardi après-midi, vers 4 heures	45 ans, petit, gros, cheveux courts, gris, bleu de travail	regardait dans une vitrine
Nicole	Café du Château	mercredi soir 10h.	jeune fille, 18 ans, grande, mince, blue-jean, T-shirt	buvait du cidre, mangeait des frites
Michel	gare	jeudi matin 8h30	femme, 50 ans, taille moyenne, lunettes, cheveux teints – roux	parlait au contrôleur

Travail à deux   Jouez les rôles de l'agent et du témoin.
Posez des questions au sujet des inconnus
et donnez les réponses. Ajoutez des détails, si vous voulez.

débrouillez-vous

C'était le passé

Line et Christophe regardent les photos dans le vieil album que leur mère a emprunté à ses parents. Les jeunes s'amusent des modes du passé.

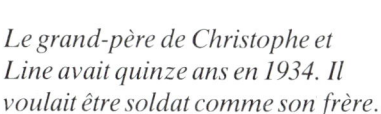

Le grand-père de Christophe et Line avait quinze ans en 1934. Il voulait être soldat comme son frère.

Mme Robineau avait quinze ans en 1960. Sa vie n'était pas très différente de la vie des jeunes d'aujourd'hui, mais elle devait se coucher de bonne heure et elle ne pouvait pas sortir avec les copines le soir.

L'arrière-grand-père et les arrière-grands-oncles de Line et Christophe étaient jeunes en 1900. S'ils voulaient sortir, ils devaient prendre le train ou monter à vélo. Ils habitaient à la campagne.

De nos jours, si on veut écouter de la musique, on peut passer un disque ou une cassette, mais il y a cent ans, si on voulait écouter le dernier tube on devait chanter et jouer d'un instrument.
Est-ce qu'on pouvait sortir au cinéma, si on voulait s'amuser?

R A l'écoute

Ecoutez l'interview avec une vieille dame qui vient de célébrer ses quatre-vingt-dix ans.
Elle parle de sa jeunesse, il y a presque quatre-vingts ans. La vie était très dure pour elle.
Qu'est-ce qu'elle devait faire pour aider ses parents et pour gagner sa vie?

? Posez des questions l'un à l'autre au sujet des photos et de la vie du passé.

moi et toi

C'est le lendemain d'une disco au Centre. Les membres de la bande parlent des jeunes qu'ils ont rencontrés.

> Qu'est-ce que tu penses du garçon que tu as rencontré?

> Je l'ai trouvé très froid. Il ne voulait pas parler de ses intérêts.

> Il était peut-être timide. Il ne savait que dire.

> Il faut savoir s'amuser. Voilà ce qui compte pour moi.

> Je l'ai trouvé sympa. Je préfère les garçons sérieux.

Nicole et Jacques sont de bons amis, mais ils ne sont pas toujours d'accord. Qu'est-ce qu'ils pensent, l'un de l'autre?

Il est trop sérieux. Il faut savoir se détendre. Il passe tout son temps à gagner de l'argent. Il ne s'intéresse pas à la musique, à la mode. Il porte toujours un jean, il n'aime pas se faire couper les cheveux...

Elle ne pense qu'à la mode. Elle ne parle que des groupes rock. Elle veut sortir tous les soirs. Elle est très sympa, mais elle n'est pas sérieuse. Elle est trop décontractée pour moi. Elle m'embête quand elle veut parler tout le temps.

Travail à deux
Jouez les rôles d'un de ces deux amis et d'un autre ami. Parlez des choses que vous trouvez agréables, amusantes, énervantes, embêtantes.

A écrire
Ecrivez cinq phrases au sujet d'un ami.

A l'écoute
Ecoutez la conversation entre Jacques et Nicole. Qu'est-ce qui ne va pas? Qui a changé? Qui n'est pas content? Qu'est-ce qui va arriver?

Talking about people
Qu'est-ce que vous cherchez dans un ami? Qu'est-ce que vous aimez dans un adulte? Faites la liste des choses qui sont les plus importantes pour vous. Travaillez en groupes et posez des questions pour trouver qui est d'accord.

> ...toujours prêt à aider les autres.
> ...aime les blagues.
> ...aime rigoler.
> ...donne un coup de main avec les devoirs.
> ...est sérieux/se.
> ...comprend mes problèmes.
> ...on peut compter sur lui/elle.
> ...s'intéresse aux sports.

Talking about yourself
Est-ce que vous avez toujours les mêmes intérêts et les mêmes goûts que vous aviez quand vous étiez plus jeunes?

Faites la liste de cinq différences entre vos intérêts et vos goûts en ce moment et ceux que vous aviez il y a un an.
exemple
Il y a un an, j'aimais le jazz.

à écrire

```
ALERTE...ENFANT DISPARU...ALERTE
...ENFANT DISPARU...ALERTE...ENF

NOM...PASCAL MORVAN
SEXE...MALE
AGE...8 ANS
TAILLE...120 CMS
CHEVEUX..BLONDS
YEUX...BLEUS
VETEMENTS...SHORT BLEU...T-SHIRT
   BLANC...BLOUSON ROUGE...
   BASKETS
AUTRE DETAILS...LUNETTES

ACTION...ACTION..ACTION...ACTIO
1310H...26.05
ALERTER SECTION D'HELICOPTERES
ALERTER SECTION HOMMES-
   GRENOUILLES
ALERTER SECTION CHIENS
ALERTER POMPIERS
ALERTER SNCF...AUTOCARS...RADIO
   -TV...PRESSE


RAPPORTS..RAPPORTS...RAPPORTS..
1907H...26.05
TEMOIN...M.VAUBAN...CONDUCTEUR
   DE CAMION...A VU GARCON...RN
   103  1830H...
TEMOIN...MME DUFAYS..EPICIERE A
   VERNAY...A VU GARCON...1900H..
   .A VELO
2116H  26.05
GENDARMERIE VERNAY...VELO TROUVE
   PRES DE VERNAY...2045H
2230H  26.05
GENDARMERIE LOUVIERS...HABITANTS
   ONT VU ETRANGER EN VOITURE...
   1800H...PRES DU BOIS PERDU...
   DESCRIPTION...MASCULIN...45ANS
   ...CHEVEUX NOIRS...BARBE
   VETU - BLUE-JEAN...CHANDAIL


ACTION...ACTION...ACTION...ACTIO
...2300H  26.05
ORGANISER TOUTES SECTIONS
   CHERCHER BOIS PERDU...
0600H...27.05..
SECTIONS AUTOROUTES GENDARMES
   ARRETER RENAULT 9 BLEUE...
   CIRCULER DESCRIPTION ETRANGER
   RADIO-TV

ACTION...ACTION...ACTION...ACTIO
GARCON TROUVE...BOIS PERDU..SAUF
```

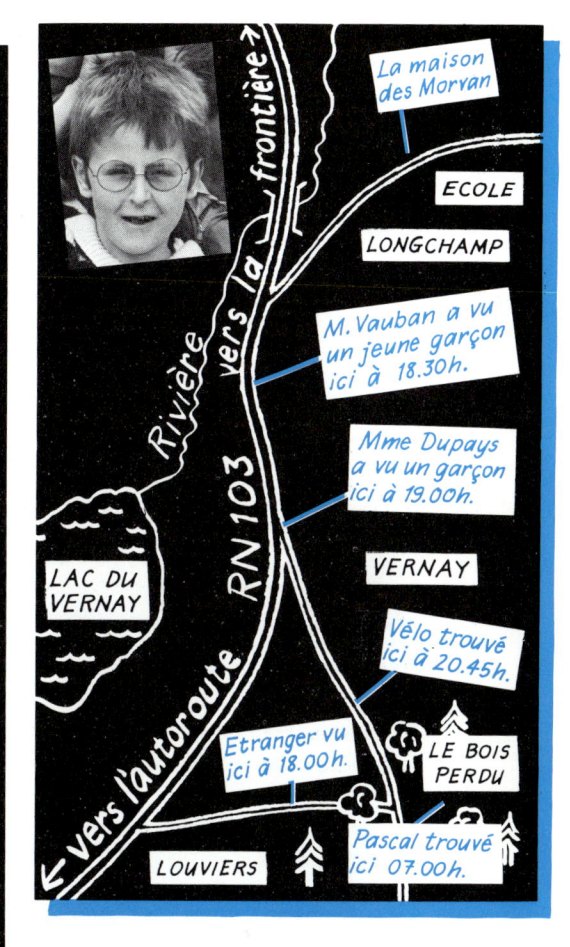

Map labels: La maison des Morvan · ECOLE LONGCHAMP · M. Vauban a vu un jeune garçon ici à 18.30h. · Mme Dupays a vu un garçon ici à 19.00h. · VERNAY · Vélo trouvé ici à 20.45h. · LE BOIS PERDU · Etranger vu ici à 18.00h. · Pascal trouvé ici 07.00h. · LOUVIERS · LAC DU VERNAY · Rivière vers la frontière · RN 103 · vers l'autoroute

Travail en groupe

Jouez les rôles des agents et des témoins. Posez des questions et répondez en utilisant la carte et les notes.

A écrire

Ecrivez dix phrases pour raconter l'histoire de l'enfant disparu.

Qu'est-ce qui est arrivé? A quelle heure? Où?

Qu'est-ce que Pascal a dit à sa mère après son retour?

Qu'est-ce que la mère de Pascal a écrit dans sa lettre à une amie?

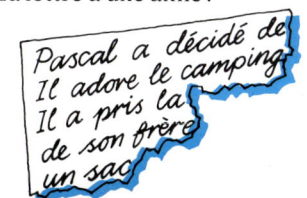

Pascal a décidé de ... Il adore le camping. Il a pris la ... de son frère ... un sac

16 Vers la nature

In this lesson you will learn
how to talk about what you would choose to do on an outing
how to talk about what would happen if . . .
how to suggest an activity, to disagree and to give your reasons

Le Centre des Quatre Saisons

Un jour de soleil pour les enfants des villes.

Il y a un grand choix d'activités.
Qu'est-ce que vous allez choisir?

Par exemple, vous pourriez faire une promenade en bateau le long des ruisseaux et des canaux de la Réserve d'Oiseaux migrateurs. Il y a des canards, des oies, des cygnes et des hérons.

**Circuit pédestre
le sentier est marqué**

| écureuils | lapins | renards | hiboux | cerfs |

Peut-être que vous suivrez le circuit de la Forêt Saint-Michel, où vous verrez les petits animaux et les oiseaux dans leur milieu naturel, et aussi les fleurs et les plantes rares.

Pour ceux qui préfèrent l'activité, il y a la vieille ferme, où rien n'a changé au cours des années. Vous pourrez donner un coup de main à la ferme pour donner à manger aux vaches, aux cochons et aux moutons; vous apprendrez à traire une chèvre ou à conduire le vieux tracteur.

Si vous préférez l'action et le danger, pourquoi pas essayer la piste d'aventures? Vous devrez traverser la rivière, attaquer le camp des bandits, et trouver le trésor caché. Pour les gagnants, il y aura des prix.

A la fin de la journée, tout le monde se réunira autour d'un feu de camp en pleine forêt.

R Introduction

Pendant les mois de mai et juin, Marie-Paule organise des sorties pour les enfants qui habitent dans les grandes villes du nord.

    Les enfants vont arriver en autocar avec leurs professeurs pour passer une journée en plein air. Ils pourront choisir les activités de la forêt, de la ferme ou de la piste d'aventures.

De quoi s'agit-il?

1. Où est-ce qu'on pourra voir des hérons?
2. Quels animaux est-ce qu'on pourrait voir dans la forêt?
3. Qu'est-ce qu'on pourrait apprendre à faire à la ferme?
4. Qu'est-ce qu'on cherche au camp des bandits?
5. Qu'est-ce que tout le monde va faire le soir?

ℝ Conversations

A. *Marie-Paule fait les derniers préparatifs pour les sorties de samedi prochain. Elle demande des conseils aux autres moniteurs.*

MARIE-PAULE — Dis, Bernard, tu penses qu'il serait possible d'accueillir une centaine d'enfants samedi?
BERNARD — Une centaine, tiens! Bien sûr, ce serait possible si nous avions trois ou quatre moniteurs pour chaque groupe.
MARIE-PAULE — Xavier, tu pourrais nous donner un coup de main?
XAVIER — Je le ferais si c'était possible, mais j'ai promis de préparer le feu de camp et le barbecue.
BRIGITTE — Les jeunes du Foyer nous aideraient, si je leur demandais un coup de main.

Vrai ou faux?
Il sera possible d'accueillir cent enfants.
On aura besoin de six moniteurs pour chaque groupe.
Xavier pourra donner un coup de main.

B. *Brigitte parle aux membres du Foyer.*

BRIGITTE — Nicole, qu'est-ce que tu vas faire samedi?
NICOLE — Je comptais aller à la piscine, pourquoi?
BRIGITTE — Tu pourrais nous donner un coup de main pour les sorties, si tu avais le temps.
NICOLE — D'accord! Ce serait très amusant.
BRIGITTE — Jacques, toi aussi?
JACQUES — J'aimerais bien, mais c'est impossible. Mon cousin passe le weekend chez nous.
NICOLE — Il voudrait peut-être nous accompagner, non?
JACQUES — C'est possible. Je vais lui téléphoner ce soir.

Corrigez
Nicole comptait aller à la plage samedi.
Elle ne voudrait pas aider Brigitte.
Jacques va passer le weekend chez son cousin.

C. *Jacques téléphone à son cousin, Thierry.*

THIERRY — Ecoute, Jacques, quand j'arrive, je voudrais aller à la plage, et on pourrait faire du camping en forêt, et j'aimerais aussi aller à la pêche...
JACQUES — Attends un moment, Thierry. Si tu passais un mois ici, on aurait le temps, mais en trois jours, tu sais... Dis, tu pourrais donner un coup de main samedi avec des gosses?
THIERRY — D'accord! Moi, je serai un mono extra!

ℝ Ecoutez bien

Les membres du Foyer vont partir à la campagne en fin de semaine.

1. Où est-ce qu'ils partent?
2. Qui est le chef du groupe?
3. A quelle heure est-ce qu'on part?
4. Où est-ce qu'on va déjeuner?
5. Qu'est-ce qu'il faut emporter?

pratique

What would you do if . . . ?

Si j'avais	besoin d'argent,	je	travailler	ais	tous les samedis.
	assez d'argent,		m'offrir		un appareil.
	un appareil,		prendr		des photos d'oiseaux.
	un vélo,		fer		des promenades avec les copains.
	une moto,	j'	ir		à l'étranger.

A. Qu'est-ce que vous feriez si vous aviez besoin d'argent?
exemple
1. Si j'avais besoin d'argent, je travaillerais au supermarché.

Est-ce que vous voudriez faire ces choses pour gagner de l'argent?

Est-ce que vous pourriez faire ces choses pour gagner de l'argent?

travailler au garage
laver des voitures
garder des enfants
livrer des dépliants
aider les marchands

faire des courses
demander à mon père
emprunter à mon frère
faire un hold-up dans une banque

exemples
2. Je voudrais travailler au garage.
3. Je ne pourrais pas travailler au garage.

B. Qu'est-ce que vous feriez si vous aviez un jour de congé?
exemples
S'il faisait beau, je jouerais au tennis.
S'il pleuvait, je resterais à la maison.

rester à la maison
jouer au tennis
    au football
    aux cartes
faire une promenade à pied
    à vélo
sortir à la campagne
    en ville
    à la plage
faire les devoirs
écouter la radio
regarder la télévision
dormir toute la journée

If only . . .

Je suis malade.	Si	je n'étais pas malade,	je	sortir	ais	avec la bande.
Line a mal à la tête.		elle n'avait pas mal à la tête,	elle		ait	
Nous avons trop de devoirs.		nous n'avions pas trop de devoirs,	nous		ions	
Les copains sont fauchés.	S'	ils n'étaient pas fauchés,	ils		aient	

C. Christophe a beaucoup à faire.
Voici la liste de ses corvées pour son jour de congé.

Il doit →

faire les courses
laver la voiture
promener le chien
faire la vaisselle
garder sa petite sœur
préparer le déjeuner

Qu'est-ce que Christophe ferait s'il ne devait pas faire toutes ces corvées?
exemple
S'il ne devait pas faire les courses, il jouerait au football.

débrouillez-vous

Pour une vraie détente

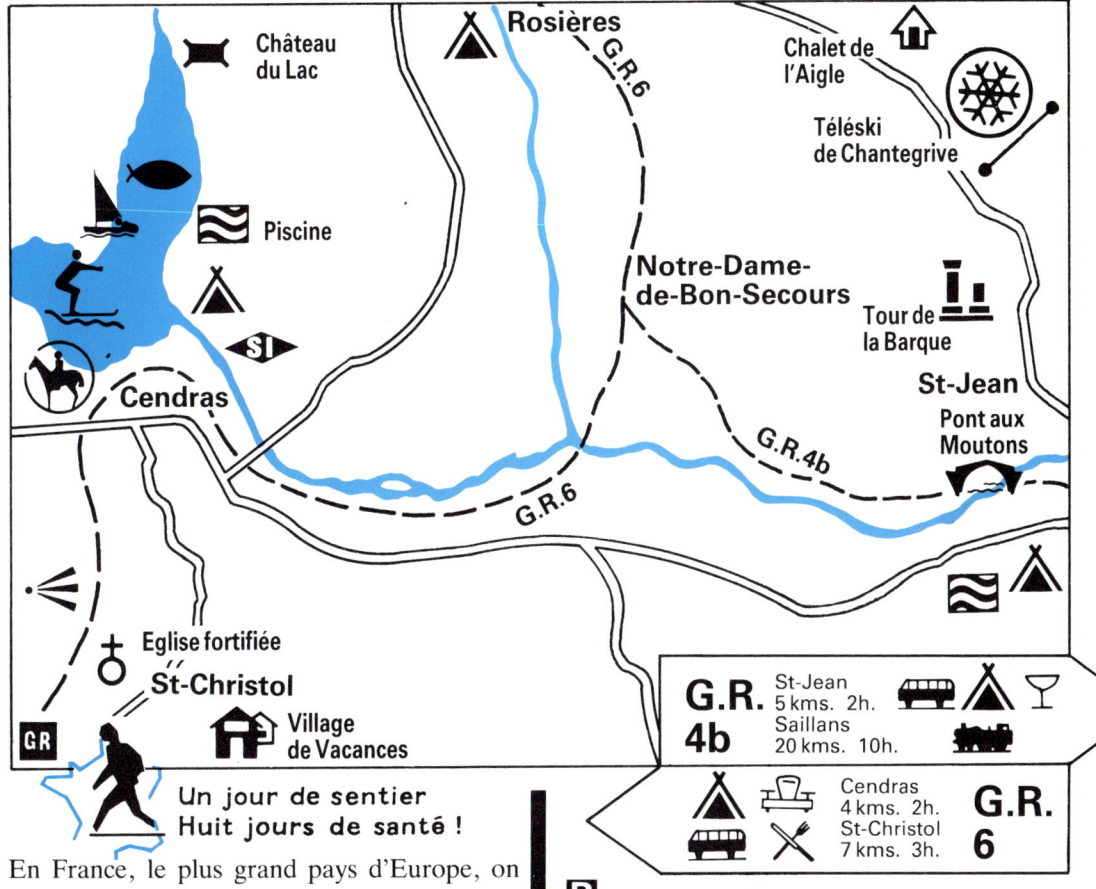

(Map with locations: Château du Lac, Rosières, Chalet de l'Aigle, Piscine, Téléski de Chantegrive, Notre-Dame-de-Bon-Secours, Tour de la Barque, Cendras, St-Jean, Pont aux Moutons, Eglise fortifiée St-Christol, Village de Vacances)

Un jour de sentier — Huit jours de santé !

G.R. 4b: St-Jean 5 kms. 2h. / Saillans 20 kms. 10h.

G.R. 6: Cendras 4 kms. 2h. / St-Christol 7 kms. 3h.

En France, le plus grand pays d'Europe, on n'est jamais trop loin de la nature.

Les Français aiment beaucoup le plein air; en fin de semaine, ou quand ils ont un jour de congé, beaucoup de jeunes – et de personnes plus âgées – sortent des grandes villes pour chercher le contact avec la nature. S'ils veulent se détendre dans les forêts et les montagnes, ils cherchent souvent les sentiers marqués.

Il y a plus de 27 000 kilomètres de sentiers de grande randonnée ouverts à tous ceux qui ont le temps et l'énergie de faire une longue promenade. On peut traverser toute la France (on peut même passer des frontières) en suivant les marques rouges et blanches. Bien sûr, il y a aussi beaucoup d'autres sentiers plus courts.

Pour ceux qui n'ont pas envie de se promener à pied, il y a les Parcs Nationaux et Régionaux, où on peut simplement se reposer au cœur de la Nature.

R A l'écoute

Ecoutez la conversation en regardant les flèches de signalisation ci-dessus.

Où est-ce que les copains ont décidé d'aller? Combien de temps est-ce qu'on doit mettre pour suivre ce sentier? Qu'est-ce que les copains vont faire après le déjeuner? Où est-ce qu'ils comptent passer la nuit?

?

exemples

Où est-ce que vous pourriez acheter des provisions?

Où est-ce que vous iriez si vous vouliez nager?

Qu'est-ce qu'on pourrait faire à St-Christol?

Où est-ce qu'on trouverait un pont ancien?

Est-ce que vous passeriez une semaine à Cendras? Pourquoi?

moi et toi

Comment est-ce qu'on va passer le congé de mi-trimestre? On va s'amuser avec les copains ou on va se reposer seul? On va partir à la campagne ou on va chercher une fête?

> Génial!
> Bonne idée!
> Pourquoi pas?

> Pas question!
> Pas moyen!
> Zéro!
> Nul!
> Infect!

> C'est d'accord?
> C'est promis?

> Pas moi!
> Ça ne me dit rien!

RANCH DES CAVALIERS
leçons d'équitation
promenades d'une demi-journée

L'ECOLE de L'AVENTURE
Initiation à
 la varappe
 la spéléo
 la voile
au canoë-kayak
 l'orientation

FÊTE DU MUGUET
LES TROIS JOURS DU CARNAVAL
30 avril - 2 mai
FÊTE FORAINE
FÊTE ENFANTINE COSTUMÉE
BAL POPULAIRE
GRAND PRIX CYCLISTE
CONCOURS DE PÊCHE
MOTO-CROSS
CONCOURS DE MUSIQUE POUR JEUNES
FEU D'ARTIFICE

Est-ce que vous préférez la tranquillité ou l'activité? Préférez-vous un parc d'attractions ou un parc naturel? Cherchez-vous le contact avec la nature ou le contact avec les amis?

R A l'écoute

Ecoutez la conversation des membres de la bande.
Qu'est-ce qu'Alain veut faire? Où est-ce que Line propose d'aller?
Est-ce que Christophe veut partir à la campagne? Est-ce que Sandrine est d'accord?

Travail en groupe
Avec vos partenaires, parlez des possibilités des sorties ci-dessus. Chacun choisit une sortie ou une activité pour un jour de congé. Est-ce que tout le monde va être d'accord ou est-ce que chacun partira seul?

Voici des phrases utiles	on pourrait . . . ce que j'aimerais . . . moi, je voudrais . . . si on allait . . . ça dépend	on s'amuserait bien . . . ça serait rasant pourquoi pas . . . ? moi, je suis pour/contre – je ne sais pas exactement

à écrire

A la fête de Pentecôte les membres du Foyer ont fait une sortie au Parc de la Vallée d'Or. On s'est bien amusé parce qu'il y avait toutes sortes d'activités et d'attractions. Qu'est-ce que Christophe et Line ont fait?

PARC DE LOISIRS DE LA VALLÉE D'OR

parc naturel – loisirs divers – promenades – visites – camping – VVF
ouvert du 15 avril au 31 octobre

Le vallon des rochers (varappe, spéléo)
Les gorges (canoë-kayak)
piste d'aventures
VVF
ranch (location de chevaux)
restaurant
le lac d'or
location de canots, de pédalos et de planches à voile
golf
plage
camping
baignade
terrain des sports
parc d'attractions (jeux, tir, stands)
piste pédagogique (animaux, oiseaux, fleurs, plantes rares)
l'étang
pêche
réserve naturelle
forêt St-Michel

...a essayé la piste d'aventure (est tombé en traversant un ruisseau)

...a nagé dans le lac

...a fait de la varappe avec Alain (c'est Alain qui est presque tombé)

...a joué au mini-golf avec Alain (Alain a gagné)

...a essayé les jeux (n'a rien gagné)

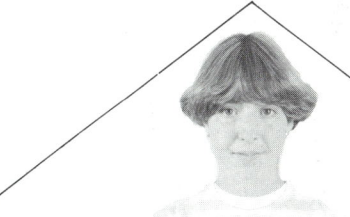

...a fait du canoë-kayak (est tombée à l'eau)

...a vu des hérons près de l'étang

...a pris beaucoup de photos

...a loué un pédalo avec Sandrine (personne n'est tombé à l'eau cette fois)

...a fait du tir (a gagné un poisson rouge)

Christophe n'a pas fait de canoë-kayak, parce qu'il n'avait pas assez d'argent, mais, s'il revenait au parc, il en ferait. Line n'a pas eu le temps d'essayer la piste d'aventures, mais elle voudrait l'essayer la prochaine fois.

Ecrivez une lettre de Christophe ou de Line à un(e) correspondant(e).

Line te demande

Qu'est-ce qu'il y aurait dans ton centre de loisirs idéal? Ecris-moi une lettre pour décrire ce centre. Est-ce qu'il y aurait une piste de ski? une disco? un zoo-park? une école de tennis ou de voile? une salle de jeux?

17 On part!

In this lesson you will learn
how to make plans and preparations for a journey
how to talk about the things you'd need to take

Si nous prenions l'autoroute, nous arriverions plus tôt.

Il serait plus agréable de prendre la route verte.

- —●— Autoroute (Péage)
- —●— Route Verte

Limites de vitesse km/p/h

- 130 Autoroutes
- 100 Routes à chaussées séparées
- 90 Autres routes principales
- 60 En ville

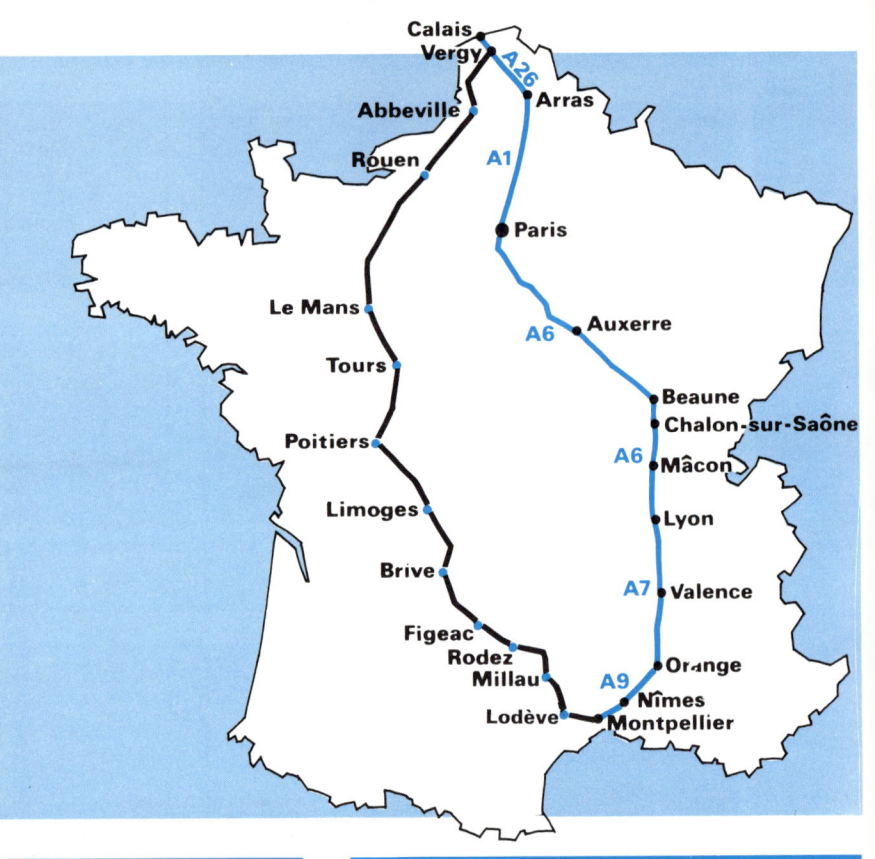

R Introduction

A la fin de son stage à Paris, Monique, la sœur d'Alain, avait quelques semaines de vacances avant son départ pour New-York, où elle allait travailler.

Robert, le copain de Monique, a fini son stage aussi. Il a proposé à Monique d'aller passer les vacances avec quatre de leurs copains dans le Midi.

Le groupe de copains s'est réuni pour parler de leurs projets de vacances. Tout le monde est d'accord pour partir ensemble, mais il y a un grand problème. Personne n'a assez d'argent!

De quoi s'agit-il?

1. Dans quelle région est-ce que les copains vont passer les vacances?
2. Où est-ce que Monique va partir en septembre?
3. Est-ce que tout le monde est d'accord pour partir en vacances ensemble?
4. Est-ce que Monique a beaucoup d'argent?
5. Combien de personnes vont partir en vacances?

Comment le dire en français?

1. holiday plans
2. toll (on motorway)
3. speed limit
4. route

R Conversations

A. *Les six copains parlent de leurs projets de vacances.*

ROBERT	Alors, c'est d'accord?
MONIQUE	Oui, on part le quinze juin, avant les grands départs.
OLIVIER	Tu es sûre que ton père te permettra d'avoir le vieux camping-car, Véronique?
VERONIQUE	Bien sûr, il m'a dit que nous pourrions le garder jusqu'à fin juillet.
DANIELLE	Moi, je n'aurai pas assez d'argent pour six semaines de vacances!
MARC	Tu devras faire la vaisselle dans un restaurant, pour gagner de l'argent, Danielle.
DANIELLE	En tout cas, il me faudra économiser.
MONIQUE	Nous devrons économiser tous si nous voulons nous amuser en vacances.

Vrai ou faux?
Les copains vont partir le quinze juillet.
Le père de Véronique va lui prêter un camping-car.
Marc va faire la vaisselle pour gagner de l'argent.

B. *Quelle route est-ce qu'on va prendre?*

OLIVIER	Bon, nous allons passer une semaine à Avignon, et après?
VERONIQUE	Nous pourrions réserver un emplacement au camping de Valras-Plage pour un mois.
ROBERT	Il serait possible de faire des randonnées en montagne, n'est-ce pas?
DANIELLE	Oui, et on pourrait visiter Montpellier et Carcassonne.
MARC	Alors, regardons la carte. Quelle route est-ce que nous allons prendre?
MONIQUE	Voyons, il y a plus de mille kilomètres de Vergy à Avignon par l'autoroute.
VERONIQUE	Oh, je ne veux pas prendre l'autoroute avec la vieille Estafette. Elle crèverait!
OLIVIER	D'ailleurs, ça coûterait trop cher, avec le péage.
ROBERT	Il vaudrait mieux suivre les routes départementales.
DANIELLE	Ça serait plus agréable, à mon avis.

Corrigez
Les copains vont passer un mois à Avignon.
Ils vont faire du camping en montagne.
Véronique préfère prendre l'autoroute.

R Ecoutez bien

Les copains parlent de leur voyage.

1 A quelle heure est-ce qu'on part?
2 Où est-ce qu'ils comptent déjeuner?
3 Où est-ce qu'ils vont passer la nuit?
4 Qu'est-ce qu'il faut faire?

serviette
maillot de bain
lunettes noires
beaucoup d'argent
ballon
planche à voile
appareil

A écrire

Faites la liste des choses dont vous auriez besoin pour vos vacances au bord de la mer. Employez les mots dans la case.
J'aurais besoin d. . . .
Je n'aurais pas besoin d. . .

115

pratique

Planning a trip

Si vous	pren**iez**	l'autoroute,	cela	coûter	**ait**	très cher.
			vous	devr	**iez**	payer 200f. de péage.
				arriver		plus tôt.
				ser		très fatigués.
	choisiss	l'itinéraire vert,	il	faudr	**ait**	mettre deux jours à faire le trajet.
			vous	trouver	**iez**	le trajet plus agréable.
	préfér	prendre le train,		fer		le trajet très rapidement.
Moi, si j'all	**ais**	dans le Midi,	je	prendr	**ais**	l'avion.

A. Quelle route est-ce que vous choisiriez?
Les avantages et les inconvénients de l'autoroute et des routes départementales

Si vous preniez l'autoroute, vous feriez le trajet en dix heures. . . ,

Si on choisissait la route verte, on mettrait deux jours pour le trajet. . . ,

mais . . .
partir à six heures du matin
payer 200f. de péage
passer par Paris
ne pas avoir le temps de déjeuner
faire du 100 kilomètres à l'heure
acheter beaucoup d'essence
risquer d'avoir des accidents
se fatiguer trop
arriver le même jour
passer le jour d'après au lit

et . . .
partir à neuf heures du matin
prendre la route départementale
prendre le café au bord de la route
passer par les champs et les bois
déjeuner dans un restaurant
repartir sans hâte
trouver un hôtel agréable
passer la nuit en route
se lever assez tard
arriver au bord de la mer moins fatigué

B. Si vous faisiez un long voyage, qu'est-ce que vous feriez?

exemple   Si je faisais un long voyage, je prendrais le train.

prendre le train   prendre l'autocar
arriver le plus tôt possible   prendre l'avion
s'amuser en route   se reposer dès l'arrivée

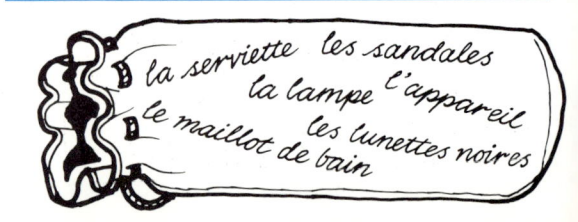

C. Monique fait ses préparatifs pour le voyage. Son frère Alain la regarde.

exemple   Alain, as-tu vu ma serviette?
Tu l'as mise dans ton sac.

la serviette   les sandales
la lampe   l'appareil
le maillot de bain   les lunettes noires

débrouillez-vous

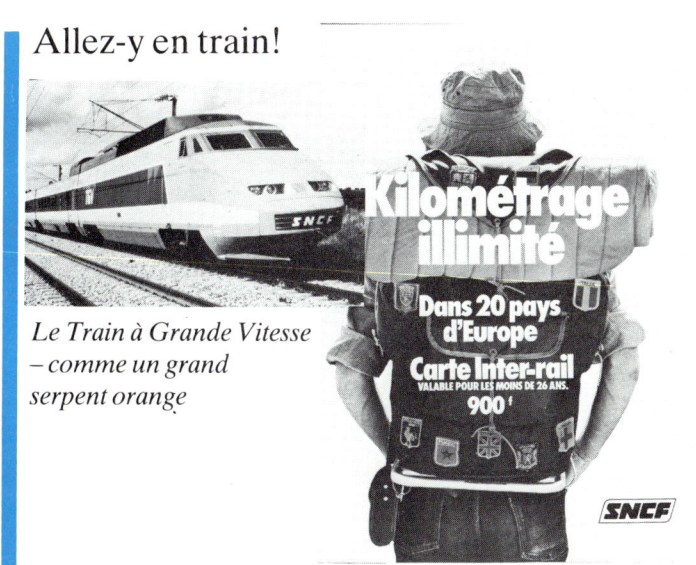

Allez-y en train!

*Le Train à Grande Vitesse
– comme un grand
serpent orange*

Kilométrage illimité
Dans 20 pays d'Europe
Carte Inter-rail
VALABLE POUR LES MOINS DE 26 ANS
900 F
SNCF

Carte Inter-rail

pour les moins de 26 ans.

Vous avez moins de 26 ans? Quelle chance! La Carte Inter-rail vous permettra de voyager en seconde classe sans achat de billet dans vingt pays étrangers et à demi-tarif dans le pays où vous habitez, pendant un mois complet, à votre choix. Profitez-en!

R A l'écoute

Accès aux quais

Ecoutez la conversation entre les voyageurs et le contrôleur. Répondez aux questions enregistrées.

?

Regardez le tableau horaire à gauche.
Posez des questions à votre partenaire.
exemples
Si on prenait le train de 6h48, à quelle heure est-ce qu'on arriverait à Lille?
Est-ce qu'on pourrait prendre le petit déjeuner si on prenait ce train?
Quel train faudrait-il prendre de Paris pour arriver à Calais à 21h46?

PARIS — BOULOGNE — CALAIS
Trains plus nombreux, plus rapides, plus confortables

	1re							PARIS-Nord		1re				1re
6 48	7 24	8 05	9 40	10 43	11 53	13 09		PARIS-Nord	8 00	9 05	9 39	11 23	12 24	14 02	16 26
7 58			10 49	11 52	13 12	14 17		AMIENS			10 08		12 41	15 16
8 19			11 33	12 20	13 23	15 00		ARRAS (B)	6 44	7 35	10 29	9 43	10 53	12 31	14 33
8 34	9 02	9 51	11 52	12 36	13 38	15 19		DOUAI	6 09	7 20	8 04	9 26	10 36	12 16	14 17
9 07	9 32	10 15	12 18	12 59	14 08	16 01		VALENCIENNES	5 24	6 51	7 00	8 42		11 43	13 21
8 56	9 23	10 15	12 18	12 59	13 59	15 44		LILLE	5 50	7 01	7 18	9 05	10 15	11 57	13 52

		1re				1re				1re				
14 47	17 17	18 07	18 27	19 21	20 22	22 00		PARIS-Nord	18 15	19 37	20 09	20 36	21 54	22 36	23 36
				20 33	21 38			AMIENS		18 31			20 41		22 14
16 14	18 44		20 02	20 54	22 02			ARRAS (B)	16 43	17 41		19 00	19 57	21 25	22 51
16 30	19 08		20a33	21 09	22 17			DOUAI	16 27		18 28	18 37	19 39	20 42	21 33
17 08	19 55	20 15	21a14	21 49	23 05			VALENCIENNES	15 55	16 52	17 45	17 45	19 22		
16 52	19 23	20 06	20a57	21 52	22 39	0 02		LILLE	16 05	17 08	18 09	18 15	19 16	20 21	21 11

(a) Les vendredis départ à 18 h 44 de Paris.

(C)						1re								1re
6 48	8 07	9 40	12 10	13 27	14 22	17 07		PARIS-Nord	8 51	9 28	11 49	14 12	16 30	18 22	19 21
7 58	9 18	10 49	13 43	14 36	15 36	18 13		AMIENS	7 38	8 19	10 29	13 12	15 28	17 11	17 20
8 24		11 20	14 12	15 04	16 12	18a43		ABBEVILLE	7 08	7 46	9 50	12 12	14 50		
9 07	10 30	12 26	14 30	15 43	17 21	19c30		BOULOGNE	6 26	6 58	8 48	11 24	14 08	16 02	16 22
9 34	11 02	13 04	15 00	16b20	18 11	20a09		CALAIS	6 00	6 19	8 01	10 53	13 40	15b28	15 40

18 12	18 32	20 22						PARIS-Nord	19 37	21 54	22 30				
19 24	19 50	21 38						AMIENS	18 31	20 41	21 20				
19 54	20 20	22 10						ABBEVILLE	17 57	19 54					
20 37	21 08	23 08						BOULOGNE	17 18	18 47	20 07				
21 05	21 46	23 45						CALAIS	16 45		19 37				

(C) Sauf samedis, dimanches et fêtes.
(b) Calais-Maritime.

(c) Les samedis changement de train à Amiens.
(d) Heure d'arrivée.

CHAQUE TABLEAU HORAIRE INDIQUE :

- dans les colonnes de gauche, l'heure de départ de la première gare, puis les heures d'arrivée ;
- dans celles de droite, les heures de départ puis l'heure d'arrivée au terminus ;
- en italique, les horaires nécessitant de changer de train en cours de route.

Tous les trains de nuit ont des couchettes ou des voitures-lits.

Les trains comportant des voitures-lits sont indiqués sur un fond de couleur bleue et repérés par un numéro en tête de colonne horaire renvoyant aux pages 17 à 20.

NOTA. Horaires donnés sous réserve de toute modification. Heure de l'Europe Orientale (H.E.Or.) sauf indication contraire. RENSEIGNEZ-VOUS.

EXPLICATION DES SIGNES

- **1re** 1re classe seulement. Conditions d'admission ou de parcours sur la S.N.C.F. Se renseigner.
- **TEE** Trans Europ Express 1re cl. (comporte un service de restauration).
- Parcours desservi par voitures-lits. **(TEN)**.
- Sauf dimanches et fêtes.
- Ne circule pas tous les jours. Se renseigner.
- Service de restauration aux heures normales des repas (peut être supprimé certains jours dans quelques trains).
- Garage-consigne dans la gare ou parc privé à proximité.

moi et toi

A l'écoute

Les jeunes de la bande parlent de leurs projets de vacances.
Ecoutez leurs conversations.
Qui part en Italie?
Qui va faire du camping?
Qui va passer un mois en colonie de vacances?
Qui va travailler à la ferme?

Monique et ses copains sont déjà partis en vacances, mais la plupart des Français commencent leurs vacances après le quatorze juillet. Les grands départs, ce sont les week-ends de juillet et d'août, quand les autoroutes et les chemins de fer sont presque bloqués par les millions de voyageurs qui cherchent le soleil et le repos au bord de la mer, en montagne ou à la campagne.

Il y a toutes sortes de possibilités pour passer des vacances agréables en France. On pourrait faire du camping au bord de la Méditerranée, on pourrait louer une maison dans les Vosges ou dans les Pyrénées, on pourrait passer quelques semaines chez des parents à la campagne. Il est même possible de faire du ski pendant l'été dans les Alpes.

Travail en groupe

Pour les moniteurs du Centre des Quatre Saisons la période des grandes vacances est une période de grande activité. Le Centre accueille des centaines de jeunes étrangers qui font un séjour linguistique à Vergy. Mais, à la fin de septembre, Marie-Paule et Bernard ont décidé de faire la tour d'Europe en voiture.

Pouvez-vous les aider à préparer leur itinéraire? Il faut prévoir les routes, les distances, les villes à voir. Ils auront un mois entier pour leur voyage.

à écrire

Line te demande

Où est-ce que tu voudrais partir en vacances? Tu préfères aller à l'étranger ou rester dans ton pays? Tu aimes les vacances actives ou le repos? Tu passes les vacances en famille, avec les copains, ou est-ce que tu veux te faire de nouveaux amis?

Travail en groupe

En employant les idées ci-dessous, chacun fait des notes au sujet de ses vacances idéales. Ensuite, chacun pose des questions à ses partenaires pour découvrir leurs préférences.

Pour choisir des vacances idéales

Où
A l'étranger? En Espagne? En Italie? En Yougoslavie? Au Portugal? Aux Antilles? Aux Etats-Unis? En Scandinavie?

Tu préfères passer les vacances ▶ au bord de la mer? ▶ à la montagne?

▶ à la campagne?  ▶ à la ville?

Tu aimes rester sur place? Tu préfères visiter les endroits intéressants?

Tu t'intéresses ▶ aux châteaux?

aux monuments préhistoriques?

aux beaux paysages?

Tu veux te reposer? Tu préfères les activités variées?

Tu aimes ▶ le camping?  ▶ les villages de vacances?

▶ l'hôtel?  ▶ le gîte rural?

Tu aimes être ▶ avec une bande de joyeux copains? ▶ en famille?

A écrire
Ecrivez quelques phrases pour décrire des vacances idéales ou des vacances que vous détesteriez.

Guide Chez Nous

Faites des notes pour un jeune Français au sujet des vacances qu'il pourrait passer dans votre région.

18 Sous la tente

In this lesson you will learn
how to understand and give instructions
how to talk about the order in which things are done

Tiens, il y a déjà une tente au bord du lac!

Oh, zut! Ma petite sœur!

Tiens! Sandrine, qu'est-ce que tu fais là?

Allez plus loin, les garçons! Nous sommes arrivées les premières.

Oh, je ne trouve pas mes sandwichs. Je les ai laissés chez moi.

Moi, j'en ai trop. Tiens, sers-toi!

Voilà, le réchaud est prêt. Tu as des allumettes?

Non! Je les ai laissées à la maison. Il faut en demander aux filles.

R Introduction

Jacques aime faire du camping. Il a une petite tente canadienne qu'il a reçue comme cadeau d'anniversaire. Pendant l'été, il passe beaucoup de temps sous la tente avec ses amis.

Quelquefois, quand il n'a pas envie de partir lui-même, il permet aux copains d'emprunter la tente et le matériel de camping.

La semaine dernière, c'était Christophe qui a voulu emprunter la tente de Jacques. Celui-ci allait refuser, comme Christophe est tellement étourdi, mais Alain aussi voulait partir, donc Jacques a enfin décidé de leur prêter la tente.

De quoi s'agit-il?

1 Comment est-ce que les garçons sont arrivés au bord du lac?
2 Qui a oublié d'apporter des sandwichs?
3 Est-ce que les filles ont été contentes de voir les garçons?
4 Où est-ce que Christophe a voulu dresser la tente?
5 Qu'est-ce que les garçons ont dû demander aux filles?

Comment le dire en français?

1 help yourself
2 camping gear
3 stove

R Conversations

A. *Pas de chance!*

CHRISTOPHE	Oh, que j'ai faim! Mangeons nos sandwichs avant de dresser la tente!
ALAIN	D'accord! Asseyons-nous là-bas au bord du ruisseau.
CHRISTOPHE	Zut! J'ai oublié mes sandwichs. Maman m'en a donnés, j'en suis sûr, mais je ne les trouve pas dans mon sac.
ALAIN	Moi, j'en ai trop. Ma mère m'en a donné des dizaines. Sers-toi.
CHRISTOPHE	Mmmh, ils sont bons. On prépare du café?
ALAIN	Oui . . . voilà, le réchaud est prêt. Tu as des allumettes? Moi, je n'en ai pas.
CHRISTOPHE	Moi non plus. Il faut en demander aux filles.
ALAIN	Euh, Christophe . . . tu as apporté du café? Du sucre? Du lait? Hé, Sandrine . . .

Vrai ou faux?
Les garçons dressent leur tente avant de manger leurs sandwichs.
Christophe donne des sandwichs à Alain.
Les garçons doivent demander des allumettes aux filles.

B. *Pas d'espoir!*

ALAIN	Enfin, dressons cette tente, d'accord?
CHRISTOPHE	O.K. Euh, tu sais comment le faire?
ALAIN	Ça ne peut pas être trop difficile. Voyons, tu as les instructions? Tu les as laissées à la maison, c'est ça?
CHRISTOPHE	C'est ça. Mais on n'a pas besoin d'instructions. D'abord, on . . . euh?
ALAIN	D'abord on parle aux filles.

Corrigez
Christophe sait comment dresser la tente.
Alain a laissé les instructions à la maison.
D'abord, les filles vont demander de l'aide aux garçons.

R Ecoutez bien

Les filles ont aidé les garçons à dresser la tente, mais Christophe est très étourdi. Répondez aux questions enregistrées.

A écrire

Complétez les phrases. Employez les mots dans la case.

1 Quand on fait . . . , il faut avoir une tente.
2 . . . , on cherche un joli endroit.
3 . . . , on dresse la tente.
4 . . . , on se repose.

> ensuite
> enfin
> du camping
> d'abord

pratique

Talking about things you are using

Où	est	le	réchaud?	Passe-	le-moi.	Je	te	l'	ai déjà	donné.
		la	carte?		la-moi.					donnée.
	sont	les	sandwichs?		les-moi.			les		donnés.
			pommes?							données.

A.

J'ai besoin du marteau. Passe-le-moi.

Je ne l'ai pas.
Je te l'ai déjà passé.

Et moi, je te l'ai rendu.
Le voilà, derrière toi.
Mais si, donne-le-moi!

Mais non, je viens de te le donner.

1. Jouez les rôles de Christophe et Alain, ou de Sandrine et Line.
exemple
«Passe-moi le sucre.»
«Je te l'ai déjà donné.»
1 les instructions
2 le lait
3 la lampe
4 les sacs
5 la canne à pêche
6 le ballon

2. Continuez, en employant d'autres articles qu'on trouverait au camping.
(Vous trouverez des idées ci-dessous.)

B. Voici la liste des choses que Sandrine a emballées pour faire du camping. Son sac est trop lourd!
1 Qu'est-ce qu'il faut laisser à la maison, à votre avis?
2 Qu'est-ce qu'elle a oublié?
3 Faites la liste de Christophe. Attention! Il est très étourdi.

mon sèche-cheveux	trois robes
mon transistor	deux maillots
ma lampe de poche	trois jeans
trois livres	quatre T-shirts
mes devoirs	deux shorts
ma brosse à dents	trois sweatshirts
deux serviettes	un imperméable
mon appareil	deux chandails

exemple Tu as emballé ton chandail?
ta cagoule?
tes chaussettes?

Tu as besoin d'un . . . d'une . . . de . . . ?

Tu as assez de mouchoirs? d'argent?

Pourquoi veux-tu emporter ce . . . ?

C. Jouez les rôles d'un des copains et de sa mère. Avant le départ pour un séjour linguistique en Allemagne, il faut être sûr qu'il n'a rien laissé à la maison, qu'il a pensé à tout et qu'il n'a pas emballé des choses inutiles.

A écrire
D. Ecrivez quelques phrases au sujet des vêtements, des articles de toilette, du matériel de sport et des autres articles que vous emballeriez, ou que vous ne prendriez pas, si vous partiez à l'étranger. Donnez vos raisons.

très utile   pratique
trop lourd   inutile
(pas) confortable
j'aurai besoin de . . .
je n'aurai pas besoin . . .

débrouillez-vous

Au grand air

R A l'écoute
Christophe, chef de cuisine. Ecoutez l'histoire du repas que Christophe a préparé. Répondez aux questions.

?
Travaillez avec deux ou trois autres personnes. Posez des questions l'un à l'autre au sujet de la cuisine – à la maison ou en plein air. Aimez-vous les pique-niques, les barbecues, les repas au camp?

Quels sont les pour et les contre d'un repas en plein air? Les insectes, la fumée, la pluie, le sable . . . ?

A écrire
1. Ecrivez cinq phrases pour dire ce que vous feriez et ne feriez pas si vous faisiez du camping en forêt.
2. Et Christophe, qu'est-ce qu'il ferait? Il est tellement étourdi.

ATTENTION AU FEU

Réserve naturelle de la Vallée d'or
Réglementations

Il est formellement interdit de
- chasser les animaux et les oiseaux
- prendre des œufs
- lancer des pierres
- toucher aux nids
- casser les branches
- allumer des feux
- laisser tomber des papiers

PROMENEURS, CAMPEURS, FUMEURS
Le feu est le plus terrible ennemi de la forêt.

SOYEZ PRUDENTS!
Les feux sont interdits à moins de 200m. d'une forêt.
Il faut débarrasser le terrain de tous branchages, brindilles, aiguilles de pin, herbes ou feuilles sèches.
Le feu ne doit durer que le temps strictement nécessaire.
On doit: surveiller constamment le feu, s'assurer avant de partir que le feu est tout à fait éteint. Noyer les braises et les recouvrir de terre humide.

moi et toi

R Les copains parlent de ce qu'on devrait savoir. Ecoutez leur conversation.
1. Qui sait faire la cuisine?
2. Qui ne veut pas apprendre à faire la cuisine?
3. Est-ce que Christophe saurait que faire en cas d'urgence?
4. Qu'est-ce qu'il ferait si sa mère était malade?
5. Qu'est-ce que Line pense de son frère?

Toi, tu es impossible! Tu ne donnes jamais un coup de main!

Mais si, je fais la cuisine, personne ne veut goûter!

Christophe est malin! Il sait bien faire la cuisine! ...mais il est paresseux. Il préfère se reposer!

Line te demande

Est-ce que tu sais
- faire la cuisine?
- faire la vaisselle?
- faire la lessive?
- faire le ménage?
- recoudre un bouton?
- raccommoder un trou?
- remplacer un fusible?

Est-ce que tu saurais où trouver tout le nécessaire pour ces tâches?

Est-ce que tu saurais que faire si ta mère ou ton père était malade?

Est-ce que tu saurais comment appeler les services de premier secours en cas d'urgence?

Est-ce qu'on devrait apprendre toutes ces choses au collège? Et quoi encore?

Fermeture annuelle réouverture le 2 septembre
GRANDES VACANCES
Nous sommes partis au bord de la mer.
faites comme nous Bonnes vacances

checkpoints

1 Talking about what you used to do

Could you ask a French friend . . . ?

when you were little . . .
did you live in Paris
did you like ice-cream
did you play football

when you were eight . . .
did you watch TV often
did you go to school
did you spend a lot of time at home

2 Talking about exercise and sport

Could you tell a French friend what you do and what you don't do to keep fit?

go cycling
do exercises
swim
dance
play cards

often
sometimes
every day
never

3 Telling what happened

Could you explain what you were doing when an accident happened?

lending a hand to the teacher
playing basketball
crossing the road

helping your friends
going downstairs
getting a meal ready

4 How did you hurt yourself?

Could you say how your friend hurt herself or himself?

she/he slipped going into the classroom
she/he burnt her/his hand lighting a match
she/he twisted her/his ankle climbing a tree
she/he hurt her/his knee falling from a tree

5 Describing someone

Could you describe the man you saw?

about thirty   quite tall   thin

long black hair   blue eyes   jeans   teeshirt

6 Talking about friends

Could you ask your friend why she's split with her boyfriend?

didn't he want to go out at all
wasn't he interested in music
did he like listening to the radio
did he like dancing
was he too busy earning money

125

checkpoints

7 Dreaming about riches

Could you say what you would do or wouldn't do if you had a lot of money?

treat yourself to a stereo	give presents to your family
buy a lot of records	lend money to your brother
invite everyone to a party	go on holiday

8 Agreeing and disagreeing

Would you agree or disagree with these ideas?

we'd have a good time at the fair	I'm against it
what I'd like is an outing to the zoo	I'm for it
what about going to the seaside?	that would be boring
we could spend the day in the country	I agree

9 Talking about travelling

Can you explain why you don't want to go on a long journey?

you'd have to leave home at six o'clock
you hate travelling by car
you'd have to spend all day on the motorway
you wouldn't be able to get back home before midnight

10 Taking the train

Could you find out the information you need at the station?

how much a single ticket to Lille costs
which platform for the Lille train
what time the next train for Lille leaves
what time it arrives at Lille
if there is a restaurant car

11 Talking about packing

You are helping your French friend to pack and he/she is very disorganised. Every time he/she asks you for something, say you've already passed it over.

Tu as vu mon appareil?	Tu vois mes chaussettes?
Où est mon pull?	Où tu as mis ma serviette?
Passe-moi mes baskets.	Je ne trouve pas mon pyjama.

12 Could you cope?

Could you look after yourself or ask for help if you needed to? Do you know how to . . . ?

ask how to use the telephone	ask how to switch on the TV
ask if the shower works	ask where the bathroom is
ask for an aspirin	ask if you can borrow a book

grammar

A. Articles and determinatives

1.

masc. singular		fem. singular		plural	
le un	livre placard	la une	montre règle	les des	livres montres hommes
l' un	homme arbre	l' une	amie église		amies églises
le du	fromage vin	la de la	soupe neige		
de l'	argent ail	de l'	eau huile		

The article placed before a noun agrees with that noun in number (singular **LE, LA, L'** or plural **LES**) and gender (masculine **LE** or feminine **LA**).

2. LE LA L' LES *the*
are often used in French when *the* would not be used in English:
Je n'aime pas **LE** café. *I don't like coffee.*
J'apprends **LE** français. *I am learning French.*

3. When used with **À** *to, at*
LE becomes **AU**:
Nous allons **AU** cinéma ce soir.
LES becomes **AUX**:
Je vais donner des chocolats **AUX** enfants.

4. When used with **DE** *of, from*
LE becomes **DU**:
Pierre rentre **DU** café.
Mme Lafayette est la femme **DU** professeur.
LES becomes **DES**:
Voilà le père **DES** enfants.
Remember there is no 's' apostrophe in French, and **DE** is used to show who owns something:
Voici le cahier **DE** Jean-Paul.
Où sont les lunettes **DU** professeur?

5. UN UNE DES *a, an, some*
are used when no particular person or thing is being referred to:
Tu as **UN** crayon?
Donnez-moi **UNE** tasse de café.
Je vais au jardin public avec **DES** amis.

6. DU DE LA DE L' DES *some, any*
J'ai **DU** vin dans mon verre.
Il y a **DES** pommes sur le buffet.

7. DE or **D'** are used alone, instead of **UN UNE DU DE LA DE L' DES**:
◆ after a negative expression:
Tu as **DES** frères? Non, je n'ai pas **DE** frères.
Y a-t-il **DU** sucre? Non, il n'y a pas **DE** sucre.
◆ with expressions of quantity:

il y a	beaucoup trop assez un peu un kilo	de	pommes pain beurre fromage sucre
	un paquet		thé
	une bouteille	d'	huile

◆ with **AVOIR BESOIN**: J'ai besoin **D'**argent.
◆ often, when an adjective comes before a plural noun:
Je vais acheter **DE** belles robes.
But J'ai acheté **DES** robes élégantes.

8. CE CETTE CES *this, that, these, those*
are used to indicate particular persons or things with more emphasis than when using the definite article (**LE LA L' LES**).

masc. sing.	ce	garçon	est	intelligent
	cet	enfant homme		content
		CET is used with masc. sing. nouns which begin with a vowel sound, and before adjectives which begin with a vowel sound		
		excellent fromage		cher
fem. sing.	cette	femme Anglaise		malade fatiguée
plural	ces	garçons hommes	sont	italiens allemands
		femmes		françaises

9. When distinguishing between *this/these* and *that/those*, we add **-CI** or **-LÀ** to the noun:
Je n'aime pas cette jupe**-CI**. Je préfère cette robe**–LÀ**.

10. **CELUI** (masc. sing.)   **CELLE** (fem. sing.)
    CEUX (masc. pl.) **CELLE** (fem. pl.) *this (one), that (one), these, those*, are pronouns, used instead of **CE** etc. with a noun:
    ♦ with **-CI** or **-LÀ** to indicate particular persons or things:
    Je vais prendre **CELUI-CI**.   *I'll take this one.*
    Je n'aime pas **CEUX-LÀ**.   *I don't like those.*
    ♦ meaning *the latter* or *last-mentioned* (**CELUI-CI**) and *the former* or *first-mentioned* (**CELUI-LÀ**):
    J'ai rencontré Jean et Robert ce matin. **CELUI-CI** vient d'acheter un scooter, mais Jean a toujours son vélo.
    ♦ with **DE** etc. to show possession:
    Tu as pris mon stylo? Non, j'ai emprunté **CELUI** de Brigitte.

11. **MON MA MES** etc. (possessive adjectives)

masc. sing.		fem. sing.		plural	
mon	père	ma	mère	mes	parents
ton	frère	ta	soeur	tes	cousins
son	oncle	sa	tante	ses	cousines
notre	cousin	notre	cousine	nos	amis
votre	ami	votre		vos	amies
leur		leur		leurs	

The possessive adjectives agree in number (sing. or pl.) with the noun. **MON TON SON** also have feminine singular forms, **MA TA SA**:
Voilà **MON** livre et **MA** montre.
But **MON TON SON** are used before a feminine singular noun (or a preceding adjective) which begins with a vowel sound:
Tu connais **MON** amie Françoise?
Voilà **MON** autre amie, Véronique.

12. The possessive adjective is repeated (and agrees) before each noun:
    MON père et **MA** mère sont en vacances.

13. **SON SA SES**   *his, her, its, one's:*
    SON chapeau   *his hat, her hat*, etc.
    SA mère   *his mother, her mother.*
    SES parents   *his parents, her parents.*
    The meaning is usually clear from the other parts of the sentence.
    Remember the possessive adjective agrees with the thing possessed and not the owner:
    Xavier a perdu **SA** clef.
    Mme Laffont va au cinéma avec **SON** mari.

B. Adjectives

14.

	masc.			fem.		
Sing.	Philippe a	un chapeau	vert brun noir bleu rouge jaune	Line a	une robe	verte brune noire bleue rouge jaune
Pl.	Voici	des crayons	verts gris rouges	Voilà	des serviettes	vertes grises rouges

Adjectives agree in number and gender with the noun.
NOTE Adjectives which end in **E** do not change in the feminine:
Un ballon **ROUGE**   Une jupe **ROUGE**
Adjectives which end in **S** or **X** do not change in the masculine plural:
Un stylo **GRIS**   Des stylos **GRIS**
Un **VIEUX** bateau   Deux **VIEUX** bateaux

15. Pay special attention to the following adjectives:

masc. sing.	fem. sing.	masc. plural	fem. plural
beau (bel)	belle	beaux	belles
nouveau (nouvel)	nouvelle	nouveaux	nouvelles
blanc	blanche	blancs	blanches
sec	sèche	secs	sèches
central	centrale	centraux	centrales
cher	chère	chers	chères
dangereux	dangereuse	dangereux	dangereuses
dernier	dernière	derniers	dernières
premier	première	premiers	premières
doux	douce	doux	douces
étranger	étrangère	étrangers	étrangères
français	française	français	françaises
(and many other adjectives which end in **-s**)			
gros	grosse	gros	grosses
heureux	heureuse	heureux	heureuses
léger	légère	légers	légères
neuf	neuve	neufs	neuves
sportif	sportive	sportifs	sportives
long	longue	longs	longues
public	publique	publics	publiques
prêt	prête	prêts	prêtes
secret	secrète	secrets	secrètes
vieux (vieil)	vieille	vieux	vieilles

NOTE the differences in pronunciation between the different forms.

16. Some adjectives have a second form of the masculine singular, used before a noun or another adjective which begins with a vowel sound:

beau	bel	Quel **bel** homme!
nouveau	nouvel	Le **nouvel** an.
vieux	vieil	Ce **vieil** homme.

17. Compound adjectives do not agree:
    Ma sœur a les yeux **BLEU FONCÉ**.
    Les fauteuils sont **BLEU CLAIR**.

18. Most adjectives usually follow the noun.

19. The following usually stand before the noun:
    ◆ ordinal numbers:
    Françoise est arrivée par le **PREMIER** train.
    ◆ possessive adjectives: **MON TON SON** etc.
    ◆ demonstrative adjectives: **CE CETTE** etc.

◆ autre	gros	méchant
beau	haut	petit (moindre)
bon (meilleur)	jeune	plusieurs
chaque	joli	quelque
court	long	vieux
excellent	mauvais (pire)	vilain
gentil		

20. To compare persons or things we usually use one of the following constructions:

| Robert | est | plus / moins / aussi | grand / gentil | que | Pierre |
| | n'est pas | aussi *or* si | | | |

21. Some adjectives have irregular comparative forms:
    BON
    Ce vin est bon, mais l'autre est **MEILLEUR**.
    Cette bière est bonne, mais l'autre est **MEILLEURE**.
    MAUVAIS
    Ma mémoire est mauvaise, mais celle de Sylvie est **PIRE**.
    NOTE **PLUS MAUVAIS** is also found.
    PETIT
    Je n'ai pas la **MOINDRE** idée de ce qui s'est passé.
    NOTE **PLUS PETIT** is used in all but a limited number of expressions.

22. The superlative form of adjectives
    Robert est **LE PLUS** intelligent **DE LA** classe.
    Pierre est **LE MOINS** intelligent **DE LA** classe.
    NOTE J'habite dans **LA PLUS** grande maison **DU VILLAGE**, mais Hélène habite dans la maison **LA PLUS** moderne.
    NOTE **BON** has an irregular superlative:
    LE MEILLEUR   **LA MEILLEURE**
    LES MEILLEURS   **LES MEILLEURES**
    Jean est **LE MEILLEUR** élève **DE L'**école.
    Le médecin habite dans **LA MEILLEURE** maison **DE LA** ville.

C. Indefinite adjectives and pronouns

23. **CHAQUE** adjective, *each, every* does not vary:
    CHAQUE garçon a un livre et **CHAQUE** fille a un livre.

24. **CHACUN CHACUNE** pronoun, *each one, every one*:
    CHACUN des garçons a un livre et **CHACUNE** des filles a un livre.

25. **QUELQUE QUELQUES** adjective, *some, several*:
    Je reviendrai **QUELQUE** jour. *I shall return some day*.
    J'ai invité **QUELQUES** amis. *I have invited some friends*.

26. **QUELQU'UN** pronoun, *someone*:
    QUELQU'UN est arrivé.

27. **AUTRE AUTRES** adjective and pronoun, *another, other*:
    Les **AUTRES** (élèves) sont arrivés en retard.
    Nous y irons un **AUTRE** jour.

28. **TOUT TOUTE TOUS TOUTES** adjectives and pronoun, *all*:
    Ne mange pas **TOUT** le fromage.
    Je vais passer **TOUTE** la journée en ville.
    TOUS les enfants sont partis.
    TOUTES les filles vont aller à Paris.

29. **TOUT** pronoun, *everything*:
    J'ai **TOUT**.
    NOTE **TOUT LE MONDE**, *everyone*:
    TOUT LE MONDE est prêt.

30. **MÊME MÊMES** adjective (before noun) *same*:
    Il est arrivé le **MÊME** jour.
    Nous avons choisi les **MÊMES** disques.

129

31. **PLUSIEURS** adjective, *several* does not vary:
J'ai choisi **PLUSIEURS** disques.
Jeanne a acheté **PLUSIEURS** pochettes.

D. Nouns

32. To form the plural of a noun, **S** is usually added to the singular form.
Remember S is usually only pronounced when followed by a word which begins with a vowel sound:

un homme	des hommes
une femme	des femmes
l'enfant	les enfants
la fille	les filles

33. Nouns which end in **S** or **X** or **Z** do not change in the plural:

| le bras | les bras |
| le fils | les fils |

34. Pay particular attention to the following nouns:

le genou	les genoux	l'animal	les animaux
le chou	les choux	le cheval	les chevaux
le chapeau	les chapeaux	le journal	les journaux
le château	les châteaux	le travail	les travaux
le gâteau	les gâteaux	l'œil	les yeux

E. Personal pronouns

35.

SUBJECT	DIRECT OBJECT	INDIRECT OBJECT	REFLEXIVE	EMPHATIC or DISJUNCTIVE
je (j')	me (m')	me (m')	me (m')	moi
tu	te (t')	te (t')	te (t')	toi
il	le (l')	lui	se (s')	lui
elle	la (l')	lui	se (s')	elle
on			se (s')	
nous	nous	nous	nous	nous
vous	vous	vous	vous	vous
ils	les	leur	se (s')	eux
elles	les	leur	se (s')	elles

36. Remember **IL ELLE ILS ELLES** are used to refer to persons and things, according to gender.

37. **ON** *one, someone, they:*
ON sonne à la porte. Qui est-ce?
NOTE **ON** is often used instead of **NOUS** as the subject:
Où allez-vous, mes enfants?
ON va à la pêche.

38. **CE** is often used instead of **IL ELLE ILS ELLES** with **ÊTRE** when followed by a noun:
C'est mon père.
C'est une fille intelligente.
But **IL** est intelligent.

39. Reflexive pronouns (**SE**, etc.) agree in person with the subject, even in the infinitive:
Marcel va **SE** reposer.
Je vais **ME** reposer.

40. With all verb forms except the imperative affirmative, pronoun objects are placed immediately before the verb in the following order:

me	le	lui		
te	la	leur	y	en
se	les			
nous				
vous				

First and second person pronouns are placed before third person pronouns. Third person direct object pronouns are placed before third person indirect object pronouns.

41. In the perfect tense, the object pronoun is placed before the auxiliary verb:
J'ai perdu mon stylo. **L**'avez-vous vu?
Non, je **L**'ai cherché, mais je ne **L**'ai pas trouvé.
NOTE the position of the pronouns in negative and interrogative sentences.

42. The past participle agrees in number and gender with a preceding direct object pronoun:
Où sont mes lunettes? Je **LES** ai **PERDUES**.
Où est ma clef? Je ne **L**'ai pas **VUE**.

43. Object pronouns used with an infinitive are usually placed immediately before the infinitive:
Jacques vient **NOUS** voir cet après-midi.
Tu as la lettre? Je vais **LA** mettre à la poste.

44. With the imperative affirmative, object pronouns follow the verb and are linked to it and each other by a hyphen. The direct object is placed before the indirect:
Suivez-**LE**!
Donne-**LE-MOI**!
MOI and **TOI** replace **ME** and **TE**, except with **Y** and **EN**.
J'aime la soupe. Donne-**M'EN**, s'il te plaît.
NOTE the order of object pronouns with the negative imperative is as in paragraph 40.

45. Emphatic or disjunctive pronouns are used:
  ♦ with **C'EST** etc.: Qui est-ce? C'est **MOI**.
  ♦ after a preposition: Vous êtes arrivés après **MOI**.
  ♦ for emphasis: **MOI**, je vais à la pêche.
  ♦ in comparisons: Pierre est plus jeune que **TOI**.

46. **Y** *(to) there* is used instead of **À** + noun to refer to a place:
Allez-vous quelquefois à Paris?
Oui, nous **Y** allons souvent.

47. **EN** *some, of it, of them, any* is used instead of **DE** + noun. It must be used with expressions of quantity:
Vous avez des frères? Oui, j'**EN** ai deux.
Voulez-vous des pommes? Oui, donnez m'**EN** trois kilos.
NOTE there is no agreement with **EN** in the perfect tense:
Tu as acheté des disques?
Oui, j'**EN** ai acheté deux.

F. Relative pronouns

48. **QUI** is used as the subject (person or thing):
Je viens de voir l'homme **QUI** a volé ton vélo.
Brigitte a cassé toutes les assiettes **QUI** étaient sur la table.

49. **QUE** (**QU'**) is used as the direct object (person or thing):
Je viens de perdre le stylo **QUE** maman m'a donné hier.
Est-ce que tu connais la dame **QUE** Marc a aidée?
NOTE the agreement of the past participle with **QUE**, which in this sentence refers to **LA DAME**, and is therefore feminine.

50. **QUI** is used for persons after a preposition:
Je ne vois pas le garçon **AVEC QUI** je suis venu.
NOTE **LEQUEL**, etc., is used for things after a preposition:
Je cherche le ballon **AVEC LEQUEL** les garçons jouaient.

G. Interrogative words

51. There are three ways of asking questions which require the answer *yes* or *no*:
  ♦ by intonation (raising the voice to make it sound like a question). The word order is the same as for a statement:
Vous aimez le café?
  ♦ by the use of **EST-CE QUE**. The word order remains the same:
EST-CE QUE vous aimez le café?
  ♦ by inversion. Verb and subject are inverted:
AIMEZ-VOUS le café?
When an interrogative word is used it may be followed by **EST-CE QUE** or by inversion:
  ♦ **OÙ?** *where?*
OÙ sont mes livres?
OÙ est-ce qu'on achète des fruits?
  ♦ **QUEL?** etc. *what? which?* agrees in number and gender with the noun:
QUEL temps fait-il?
QUELLE heure est-il?
  ♦ **QUI?** *who? whom?*
refers to persons and may be used as a subject, or object, or with a preposition:
QUI est là?
QUI va payer le déjeuner?
QUI voyez-vous par la fenêtre?
Pour **QUI** sont ces sandwiches?
À **QUI** sont ces gants?
  ♦ **QUE?** *what?*
refers to things, and is used as the direct object:
QUE vois-tu?
QU'est-ce que tu veux?
  ♦ **COMBIEN?** *how much? how many?* is used with **DE**:
COMBIEN DE garçons y a-t-il dans la classe?
COMBIEN DE beurre y a-t-il?
  ♦ **COMMENT?** *how?*
COMMENT vas-tu aller en ville?
  ♦ **POURQUOI?** *why?*
POURQUOI est-ce que tu rentres à la maison?
  ♦ **QUAND?** *when?*
QUAND est-ce que grand-père arrive?

52. **LEQUEL?** etc. *which?* agrees in number and gender. It is used when a choice is involved:
LEQUEL de ces garçons est français?
LAQUELLE des robes est-ce que tu préfères?

H. Negative expressions

53.

NE	PAS	not	Je N'aime PAS les poires
	PLUS	no more, no longer	Jacques NE va PLUS au club
	JAMAIS	never	Je N'ai JAMAIS lu ce livre
	RIEN	nothing	Il N'y a RIEN dans le sac
	PERSONNE	nobody	Paul N'a vu PERSONNE

Note the word order in the perfect tense:

Je	N'	ai	PAS PLUS JAMAIS	joué au tennis
			RIEN	vu
			vu	PERSONNE

54. RIEN and PERSONNE may be used as the subject of a sentence:
PERSONNE NE m'a aidé.
RIEN N'est arrivé hier.

55. RIEN, PERSONNE, JAMAIS may be used alone:
Qui est là? PERSONNE.
Tu joues au rugby? JAMAIS.

56. In answer to a negative question, SI replaces OUI:
Tu ne vas pas au club ce soir? Mais SI, j'y vais comme d'habitude.

I. The use of verbs

57. The Present Tense is used to describe:
◆ What is happening now:
Line FAIT ses devoirs et Christophe REGARDE la télévision.
Line IS DOING her homework and Christophe IS WATCHING television.
◆ What happens sometimes (but not necessarily at this moment):
Je VAIS à l'école cinq jours par semaine. *I GO to school five days a week.*
◆ A state of affairs which started in the past and will continue into the future:
Monique TRAVAILLE à la banque. *Monique WORKS at the bank.*

58. The Perfect Tense is used to describe actions completed in the past.
J'AI ACHETÉ un disque ce matin.
I BOUGHT a record this morning.
Où sont mes lunettes? Je les AI PERDUES.
Where are my glasses? I'VE LOST them.
NOTE the agreement of the past participle with the preceding direct object.
Hélène EST ARRIVÉE lundi.
Hélène ARRIVED on Monday.
Nous nous SOMMES bien AMUSÉS en vacances l'année dernière.
We HAD a good time on holiday last year.
NOTE in the verbs conjugated with ÊTRE the past participle agrees with the subject.

59. The Perfect Tense may be used of a repeated action, when the number of times the action was repeated is known.
La semaine dernière J'AI ACHETÉ un disque chaque jour.
Quand j'étais en vacances J'AI DÉJEUNÉ chaque jour au même restaurant.

60. The Imperfect Tense is used to describe:
◆ A past state of affairs:
Il FAISAIT beau ce matin.
It WAS fine this morning.
◆ What used to happen or sometimes happened:
Quand j'ÉTAIS jeune, je JOUAIS souvent au football.
When I WAS young, I often USED TO PLAY football.
◆ an action or state of affairs interrupted by another action:
Je PARLAIS avec mes amis quand tu es arrivé.
I WAS TALKING to my friends when you arrived.

61. The Future Tense is used to describe what will happen or will be going on:
L'année prochaine J'IRAI à Paris.
Next year I SHALL GO to Paris.
Je TRAVAILLERAI à la banque.
I SHALL BE WORKING at the bank.
The Future Tense must be used with QUAND when referring to future events:
Quand je SERAI en vacances, je PASSERAI toute la journée à la plage.
When I AM on holiday, I SHALL SPEND all day on the beach.
But the present tense is used with SI:
Si tu VIENS, je te PRÊTERAI le disque.
If you COME, I SHALL lend you the record.

132

62. **The Conditional Mood** is used to indicate:
    ◆ what would happen if something else were to happen:
    Si nous avions assez de temps libre, **NOUS ÉCOUTERIONS** des disques.
    NOTE When the main verb is in the Conditional, the verb after **SI** is in the imperfect.
    ◆ in indirect (reported) speech, where it replaces the Future tense.

63. **The Imperative Mood** is used for instructions, commands or suggestions:
    OUVREZ la porte!
    ALLONS au cinéma ce soir!
    NOTE The Infinitive is often used instead of the Imperative, particularly in recipes or instructions:
    AJOUTER le blanc d'un œuf.
    FAIRE BOUILLIR le lait.

64. **The Infinitive** may be used to replace a clause, especially if the subject of both possible clauses is the same:
    AVANT DE PARTIR il m'a parlé.
    Je suis content **DE VOUS VOIR** ici.

65. The infinitive is used after prepositions (except **EN**, which takes the Present Participle, and **APRÈS**, which takes the Perfect Infinitive):
    Elle est partie **SANS PARLER**.
    Je dois travailler **POUR RÉUSSIR**.

66. **The Present Participle** is often used with **EN** to indicate *how*, *by*, *while*, *on*:
    Je suis tombé **EN OUVRANT** la porte.
    I fell down WHILE OPENING *the door*.
    L'étudiant gagne de l'argent **EN CHANTANT**.
    The student earns money BY SINGING.
    EN ATTENDANT l'autobus, j'ai vu Pierre.
    WHILE WAITING *for the bus, I saw Pierre*.
    EN ARRIVANT chez moi, j'ai trouvé la lettre de Jeanne.
    ON ARRIVING *home, I found the letter from Jeanne*.
    NOTE Il est entré **EN COURANT**.
    He RAN *in*.
    Il a traversé la rivière **EN NAGEANT**.
    He SWAM *across the river*.

J. Some common verb constructions

67. **ALLER** in the present tense, followed by an infinitive, is used of actions which are about to take place or which are going to take place soon:
    Je **VAIS** acheter un livre ce matin.
    I AM GOING *to buy a book this morning*.
    On **VA** jouer au volley-ball demain.
    We ARE GOING TO *play volleyball tomorrow*.
    This expression may also be used in the imperfect:
    Alain **ALLAIT** faire ses devoirs dimanche matin.
    Alain WAS GOING TO *do his homework on Sunday morning*.

68. **VENIR DE** in the present tense or imperfect tense, followed by an infinitive, is used of actions which have just been completed:
    Mes amis **VIENNENT D'**arriver.
    My friends HAVE JUST *arrived*.
    Marc **VENAIT DE** faire la vaisselle.
    Marc HAD JUST *done the washing-up*.

69. **DEPUIS** is used with the present or imperfect tense for actions which started in the past and continue until the present time (or time of speaking):
    Je suis ici **DEPUIS** trois heures.
    I HAVE BEEN *here for three hours (and still am)*.
    M. Laffont travaillait à la Poste **DEPUIS** dix ans.
    M. Laffont HAD BEEN WORKING *at the Post Office for ten years*.

70. **IL Y A** is used with the sense of *ago*:
    Line est arrivé **IL Y A** dix minutes.
    Line arrived ten minutes AGO.

71. Verbs which take the infinitive as direct object, without a preposition:

    | AIMER | ENVOYER | POUVOIR |
    | ALLER | ESPÉRER | PRÉFÉRER |
    | COMPTER | IL FAUT | SAVOIR |
    | DEVOIR | PENSER | VOULOIR |

    Guy **AIME JOUER** au football.
    Guy LIKES PLAYING *football*.
    Guy **VEUT ALLER** au cinéma.
    Guy WANTS TO GO *to the cinema*.

72. Verbs which take **À** before an infinitive.

S'AMUSER	CONTINUER
APPRENDRE	(also used with **DE**)
CHERCHER	SE METTRE
COMMENCER	RÉUSSIR

Monique **APPREND À CONDUIRE** une voiture.
Monique IS LEARNING TO DRIVE *a car.*

73. Verbs which take **DE** before an infinitive.

CESSER	ESSAYER	OUBLIER
DÉCIDER	FINIR	REFUSER
SE DÉPÊCHER		

J'ai **OUBLIÉ D'ACHETER** du pain.
I have FORGOTTEN TO BUY *any bread.*

74. Verbs which take a direct object in French, but not in English.

ATTENDRE	HABITER
CHERCHER	(also used with **À**)
DEMANDER	PAYER
ÉCOUTER	REGARDER

Nous **ATTENDIONS** Nicole depuis une heure.
We HAD BEEN WAITING FOR *Nicole for an hour.*
J'ai **PAYÉ LES BILLETS**.
I've PAID FOR THE TICKETS.

75. Verbs of giving and taking with two objects.

ACHETER	ENLEVER
CACHER	OFFRIR
DEMANDER	PRENDRE
DONNER	PRÊTER
EMPRUNTER	VENDRE
	VOLER

Les garçons ont **CACHÉ LE DISQUE À** Line.
The boys HID THE RECORD FROM *Line.*
Françoise va **PRÊTER SON VÉLO À MONIQUE**.
Françoise is going to LEND HER BIKE TO MONIQUE.

76. Verbs which take an indirect object and **DE** + infinitive:

COMMANDER	DIRE
CONSEILLER	PERMETTRE
DÉFENDRE	PROMETTRE
DEMANDER	PROPOSER

Xavier a **DEMANDÉ AUX ENFANTS DE** l'aider.
Xavier ASKED THE CHILDREN TO *help him.*

77. Verbs which take a direct object and **À** + infinitive:

AIDER	ENCOURAGER	INVITER

Bernard a **INVITÉ SES AMIS À** prendre un verre de vin.
Bernard INVITED HIS FRIENDS TO *have a glass of wine.*

78. Expressions with **AVOIR**:

avoir	chaud	to be (feel)	warm
	froid		cold
	faim		hungry
	soif		thirsty
avoir	l'air	to look... (Alain **a l'air** intelligent)
	x ans	to be x years old
	besoin de	to need

79. Expressions with **FAIRE**:
(a) Weather

Il fait	chaud	it is	warm
	beau		fine
	du soleil		sunny
	froid		cold
	mauvais		bad weather
	du vent		windy
	du brouillard		foggy

(b)

faire	les achats	to do	the shopping
	la lessive		the washing
	la cuisine		the cooking
	la vaisselle		the washing-up
	du camping	to go	camping
	une promenade	to go	
	(à pied)		for a walk
	en vélo		for a cycle ride
	en voiture		for a car trip
	à cheval		riding

A. Regular –ER verbs

DONNER	to give					
	PRESENT	IMPERFECT	FUTURE	PERFECT		
je	donn**e**	donn**ais**	donner**ai**	j'ai		donné
tu	**es**	**ais**	**as**	tu as		
il	**e**	**ait**	**a**	il a		
elle	**e**	**ait**	**a**	elle a		
nous	**ons**	**ions**	**ons**	nous avons		
vous	**ez**	**iez**	**ez**	vous avez		
ils	**ent**	**aient**	**ont**	ils ont		
elles	**ent**	**aient**	**ont**	elles ont		
IMPERATIVE		donne	donnons	donnez		
PRESENT PARTICIPLE		donnant				
CONDITIONAL		je donner**ais**, etc.				

B. Regular –IR verbs

FINIR	to finish					
	PRESENT	IMPERFECT	FUTURE	PERFECT		
je	fin**is**	finiss**ais**	finir**ai**	j'ai		fini
tu	**is**	**ais**	**as**	tu as		
il	**it**	**ait**	**a**	il a		
elle	**it**	**ait**	**a**	elle a		
nous	**issons**	**ions**	**ons**	nous avons		
vous	**issez**	**iez**	**ez**	vous avez		
ils	**issent**	**aient**	**ont**	ils ont		
elles	**issent**	**aient**	**ont**	elles ont		
IMPERATIVE		finis	finissons	finissez		
PRESENT PARTICIPLE		finissant				
CONDITIONAL		je finir**ais**, etc.				

C. Regular –RE verbs

VENDRE	to sell					
	PRESENT	IMPERFECT	FUTURE	PERFECT		
je	vend**s**	vend**ais**	vendr**ai**	j'ai		vendu
tu	**s**	**ais**	**as**	tu as		
il		**ait**	**a**	il a		
elle		**ait**	**a**	elle a		
nous	**ons**	**ions**	**ons**	nous avons		
vous	**ez**	**iez**	**ez**	vous avez		
ils	**ent**	**aient**	**ont**	ils ont		
elles	**ent**	**aient**	**ont**	elles ont		
IMPERATIVE		vends	vendons	vendez		
PRESENT PARTICIPLE		vendant				
CONDITIONAL		je vendr**ais**, etc.				

D. Verbs of motion conjugated with ÊTRE in the perfect tense

ALLER	to go	OTHER VERBS		
je suis	allé(e)	ARRIVER	to arrive	arrivé
tu es	allé(e)	(RE)DESCENDRE	to descend, go/come down	descendu
il est	allé	(R)ENTRER	to enter, go in	entré
elle est	allée	(RE)MONTER	to go/come up	monté
nous sommes	allé(e)s	(RE)PARTIR	to leave, depart	parti
vous êtes	allé(e) (s)	RESTER	to stay, remain	resté
ils sont	allés	RETOURNER	to return	retourné
elles sont	allées	(RES)SORTIR	to go/come out	sorti
		(RE)TOMBER	to fall	tombé
		(RE)VENIR	to come	venu

NOTE These verbs are conjugated with **AVOIR** when they have a direct object and the sense of carrying something:
DESCENDRE MONTER RENTRER SORTIR
J'ai **DESCENDU** les bagages.
I've brought down the luggage.

E. Reflexive verbs

SE LAVER	to wash (oneself)				
	PRESENT	IMPERFECT	FUTURE		
je me	lav**e**	lav**ais**	laver**ai**		
tu te	**es**	**ais**	**as**		
il se	**e**	**ait**	**a**		
elle se	**e**	**ait**	**a**		
nous nous	**ons**	**ions**	**ons**		
vous vous	**ez**	**iez**	**ez**		
ils se	**ent**	**aient**	**ont**		
elles se	**ent**	**aient**	**ont**		
PERFECT					
je me	suis		lavé	(e)	
tu t'	es			(e)	
il s'	est				
elle s'	est			e	
nous nous	sommes			(e)s	
vous vous	êtes			(e)(s)	
ils se	sont			s	
elles se	sont			es	

IMPERATIVE	lave-toi lavons-nous lavez-vous.
NEGATIVE	je ne me lave pas *etc.* je ne me suis pas lavé *etc.*

NOTE There is no agreement with the reflexive pronoun when the verb has another direct object:

elle s'est	**LAVÉ** **BROSSÉ** **CASSÉ**	les mains. les dents. le bras.

F. –ER verbs with stem changes

1.

ACHETER *to buy* requires **È** in the stem when the following syllable contains **E** mute:

	PRESENT	IMPERFECT	FUTURE	PERFECT
j'	achète	achetais	achèterai	ai acheté
tu	achètes	achetais	achèteras	etc.
il	achète	achetait	achètera	
nous	achetons	achetions	achèterons	PRES. PART.
vous	achetez	achetiez	achèterez	
ils	achètent	achetaient	achèteront	achetant

like **ACHETER**: (SE) LEVER ENLEVER MENER
(SE) PROMENER GELER

2.

APPELER *to call* requires **LL** when the following syllable contains **E** mute:

	PRESENT	IMPERFECT	FUTURE	PERFECT
j'	appelle	appelais	appellerai	ai appelé
tu	appelles	appelais	appelleras	etc.
il	appelle	appelait	appellera	
nous	appelons	appelions	appellerons	PRES. PART.
vous	appelez	appeliez	appellerez	
ils	appellent	appelaient	appelleront	appelant

like **APPELER**: RAPPELER S'APPELER

3.

RÉPÉTER *to repeat* requires **È** before endings in the present tense.

	PRESENT	IMPERFECT	FUTURE	PERFECT
je	répète	répétais	répéterai	ai répété
tu	répètes	répétais	répéteras	etc.
il	répète	répétait	répétera	
nous	répétons	répétions	répéterons	PRES. PART.
vous	répétez	répétiez	répéterez	
ils	répètent	répétaient	répéteront	répétant

like **RÉPÉTER**: HÉLER S'INQUIÉTER PRÉFÉRER

4.

NETTOYER *to clean* requires **I** instead of **Y** when the following syllable contains **E** mute:

	PRESENT	IMPERFECT	FUTURE	PERFECT
je	nettoie	nettoyais	nettoierai	j'ai nettoyé
tu	nettoies	nettoyais	nettoieras	etc.
il	nettoie	nettoyait	nettoiera	
nous	nettoyons	nettoyions	nettoierons	PRES. PART.
vous	nettoyez	nettoyiez	nettoierez	
ils	nettoient	nettoyaient	nettoieront	nettoyant

like **NETTOYER**: APPUYER EMPLOYER
ENVOYER (like **voir** in the future tense: **j'enverrai**)
ESSAYER PAYER (change optional: je paie or je paye)

5.

MANGER *to eat* requires **GE** before **O** or **A**:

	PRESENT	IMPERFECT	FUTURE	PERFECT
je	mange	mangeais	mangerai	j'ai mangé
tu	manges	mangeais	mangeras	etc.
il	mange	mangeait	mangera	
nous	mangeons	mangions	mangerons	PRES. PART.
vous	mangez	mangiez	mangerez	
ils	mangent	mangeaient	mangeront	mangeant

like **MANGER**: CHANGER DÉRANGER DIRIGER
GAGER NAGER RANGER

6.

COMMENCER *to begin* requires **Ç** before **O** or **A**:

	PRESENT	IMPERFECT	FUTURE	PERFECT
je	commence	commençais	commencerai	j'ai commencé
tu	commences	commençais	commenceras	etc.
il	commence	commençait	commencera	
nous	commençons	commencions	commencerons	PRES. PART.
vous	commencez	commenciez	commencerez	
ils	commencent	commençaient	commenceront	commençant

like **COMMENCER**: AVANCER LANCER REMPLACER

G. Common irregular verbs

INFINITIVE IMPERATIVE PRES. PART.	PRESENT	(a) IMPERFECT (b) FUTURE (c) PERFECT (d) CONDITIONAL
ALLER *to go* **va** (va-t'en, **vas-y**) allons allez allant	je **vais** tu **vas** il **va** nous allons vous allez ils **vont**	(a) j'**allais** (b) j'**irai** (c) je suis allé(e) (d) j'**irais**

S'ASSEOIR
to sit down
 	
assieds-toi
 	
asseyons-nous
 	
asseyez-vous
 	
asseyant
	je m'**assieds**
	   assois
	tu t'**assieds**
	   assois
	il s'**assied**
	   assoit
	nous nous **asseyons**
	         assoyons
	vous vous **asseyez**
	         assoyez
	ils s'**asseyent**
	    assoient
		(a) je m'**asseyais**
		
		(b) je m'**assiérai**
		
		(c) je me suis
		    assis(e)
		
		(d) je m'**assiérais**

AVOIR *to have* **aie** **ayons** **ayez** **ayant**	j' **ai** tu **as** il **a** nous avons vous avez ils **ont**	(a) j'**avais** (b) j'**aurai** (c) j'ai **eu** (d) j'**aurais**
BOIRE *to drink* bois buvons buvez buvant	je **bois** tu **bois** il **boit** nous **buvons** vous **buvez** ils **boivent**	(a) je buvais (b) je boirai (c) j'ai **bu** (d) je boirais
CONDUIRE *to drive, to lead* conduis conduisons conduisez conduisant	je conduis tu conduis il **conduit** nous **conduisons** vous **conduisez** ils **conduisent**	(a) je conduisais (b) je conduirai (c) j'ai **conduit** (d) je conduirais

INFINITIVE IMPERATIVE PRES. PART.	PRESENT	(a) IMPERFECT (b) FUTURE (c) PERFECT (d) CONDITIONAL
CONNAÎTRE *to know, be* *acquainted with* connais connaissons connaissez connaissant	je **connais** tu **connais** il **connaît** nous **connaissons** vous **connaissez** ils **connaissent**	(a) je connaissais (b) je connaîtrai (c) j'ai **connu** (d) je connaîtrais
CROIRE *to believe, think* crois croyons croyez croyant	je crois tu crois il **croit** nous **croyons** vous **croyez** ils croient	(a) je croyais (b) je croirai (c) j'ai **cru** (d) je croirais
DEVOIR *to have to,* *(must), owe* dois devons devez devant	je **dois** tu **dois** il **doit** nous devons vous devez ils **doivent**	(a) je devais (b) je **devrai** (c) j'ai **dû** (d) je **devrais**
DIRE *to say, tell* dis disons dites disant	je dis tu dis il **dit** nous **disons** vous **dites** ils **disent**	(a) je disais (b) je dirai (c) j'ai **dit** (d) je dirais
DORMIR *to sleep* dors dormons dormez dormant	je **dors** tu **dors** il **dort** nous **dormons** vous **dormez** ils **dorment**	(a) je dormais (b) je dormirai (c) j'ai dormi (d) je dormirais
ÉCRIRE *to write* écris écrivons écrivez écrivant	j' écris tu écris il **écrit** nous **écrivons** vous **écrivez** ils **écrivent**	(a) j'écrivais (b) j'écrirai (c) j'ai **écrit** (d) j'écrirais

INFINITIVE IMPERATIVE PRES. PART.	PRESENT	(a) IMPERFECT (b) FUTURE (c) PERFECT (d) CONDITIONAL	INFINITIVE IMPERATIVE PRES. PART.	PRESENT	(a) IMPERFECT (b) FUTURE (c) PERFECT (d) CONDITIONAL
ÊTRE *to be* **sois** **soyons** **soyez** **étant**	je **suis** tu **es** il **est** nous **sommes** vous **êtes** ils **sont**	(a) j'**étais** (b) je **serai** (c) j'ai **été** (d) je **serais**	**POUVOIR** *to be able (can)* pouvant	je **peux** (N.B. **puis-je?**) tu **peux** il **peut** nous **pouvons** vous **pouvez** ils **peuvent**	(a) je pouvais (b) je **pourrai** (c) j'ai **pu** (d) je **pourrais**
FAIRE *to do, make* fais faisons faites faisant	je **fais** tu **fais** il **fait** nous **faisons** vous **faites** ils **font**	(a) je faisais (b) je **ferai** (c) j'ai **fait** (d) je **ferais**	**PRENDRE** *to take* prends prenons prenez prenant	je **prends** tu **prends** il **prend** nous **prenons** vous **prenez** ils **prennent**	(a) je prenais (b) je prendrai (c) j'ai **pris** (d) je prendrais
LIRE *to read* lis lisons lisez lisant	je **lis** tu **lis** il **lit** nous **lisons** vous **lisez** ils **lisent**	(a) je lisais (b) je lirai (c) j'ai **lu** (d) je lirais	**RECEVOIR** *to receive* reçois recevons recevez recevant	je **reçois** tu **reçois** il **reçoit** nous recevons vous recevez ils **reçoivent**	(a) je recevais (b) je **recevrai** (c) j'ai **reçu** (d) je **recevrais**
METTRE *to put, put on* mets mettons mettez mettant	je **mets** tu **mets** il **met** nous mettons vous mettez ils mettent	(a) je mettais (b) je mettrai (c) j'ai **mis** (d) je mettrais	**RIRE** *to laugh* ris rions riez riant	je **ris** tu **ris** il **rit** nous rions vous riez ils rient	(a) je riais (N.B. riions, riiez) (b) je rirai (c) j'ai **ris** (d) je rirais
OUVRIR *to open* ouvre ouvrons ouvrez ouvrant	j' **ouvre** tu **ouvres** il **ouvre** nous **ouvrons** vous **ouvrez** ils **ouvrent**	(a) j'ouvrais (b) j'ouvrirai (c) j'ai **ouvert** (d) j'ouvrirais	**SAVOIR** *to know* **sache** **sachons** **sachez** **sachant**	je **sais** tu **sais** il **sait** nous **savons** vous **savez** ils **savent**	(a) je savais (b) je **saurai** (c) j'ai **su** (d) je **saurais**
PARTIR *to leave, depart* pars partons partez partant	je **pars** tu **pars** il **part** nous **partons** vous **partez** ils **partent**	(a) je partais (b) je partirai (c) je suis parti(e) (d) je partirais	**SORTIR** *to go out* sors sortons sortez sortant	je **sors** tu **sors** il **sort** nous **sortons** vous **sortez** ils **sortent**	(a) je sortais (b) je sortirai (c) je suis sorti(e) (d) je sortirais

INFINITIVE IMPERATIVE PRES. PART.	PRESENT	(a) IMPERFECT (b) FUTURE (c) PERFECT (d) CONDITIONAL
VENIR *to come* viens venons venez venant	je **viens** tu **viens** il **vient** nous **venons** vous **venez** ils **viennent**	(a) je venais (b) je **viendrai** (c) je suis **venu(e)** (d) je **viendrais**
VOIR *to see* vois voyons voyez voyant	je **vois** tu **vois** il **voit** nous **voyons** vous **voyez** ils **voient**	(a) je voyais (b) je **verrai** (c) j'ai **vu** (d) je **verrais**
VOULOIR *to wish, want* **veuille** **veuillons** **veuillez** voulant	je **veux** tu **veux** il **veut** nous **voulons** vous **voulez** ils **veulent**	(a) je voulais (b) je **voudrai** (c) j'ai **voulu** (d) je **voudrais**

H. Impersonal verbs

FALLOIR *to be necessary*	il **faut**	(a) il fallait (b) il **faudra** (c) il a fallu (d) il **faudrait**
PLEUVOIR *to rain*	il pleut	(a) il pleuvait (b) il **pleuvra** (c) il a **plu** (d) il **pleuvrait**
VALOIR *to be worth*	il **vaut**	(a) il valait (b) il **vaudra** (c) il a valu (d) il **vaudrait**

Vocabulary

une **abbaye**, abbey
abîmer, to spoil
un **abonnement**, subscription, season ticket
absolument, absolutely, completely
l'**accès** (*m*), access, entry
l'**accueil** (*m*), welcome
un **achat**, purchase
un **acteur**, actor
une **actrice**, actress
les **actualités** (*f pl*), news
admettre, to admit, to let in
s'**adresser (à)**, to apply to, to ask
un **aéroglisseur**, hovercraft
l'**aéromodélisme** (*m*), model aircraft making
affecter, to affect
affreux(-se), awful, terrible
africain(e), African
les **âgés**, old people
il s'**agit de**, it's a matter of
une **aiguille de pin**, pine needle
d'**ailleurs**, besides, in addition
aîné(e), elder
alerter, to inform
un **aliment**, food(stuff)
aller, to go, to suit, to fit
ça me va à **merveille**, that suits me perfectly
l'**ambition** (*f*), ambition
une **ambulance**, ambulance
amener, to take, to bring
ancien(ne), old, former
un **animal** (*pl* -**aux**), animal
un **animateur (une animatrice)**, organiser, leader
l'**animation**, (*f*), organisation, activities
animer, to organise, to run
animé(e), lively
l'**année scolaire** (*f*), school year
une **annonce**, announcement, advertisement
l'**annuaire** (*m*), directory
annuel(le), annual, yearly
les **Antilles** (*f pl*), the West Indies
un **apport**, support, help
l'**apprentissage** (*m*), apprenticeship
appuyer, to lean on, to press
un **arc**, bow
faire l'—, to make an arch
une **arme à feu**, firearm
l'**arrière-grand-mère** (*f*), great-grandmother
l'**arrière-grand-oncle** (*m*), great-great-uncle
un **article de sport**, sporting equipment
un — **de toilette**, toilet article
l'**aspirine** (*f*), aspirin

139

s'assurer, to make sure
assuré(e), confident
un atelier, workshop, studio
une attestation, certificate
une auberge de jeunesse, youth hostel
ne . . . aucun(e), no . . . at all
une autoroute, motorway
autrefois, formerly
avancer, to advance, to put forward (watch)
avancé(e), advanced, higher-level
un avantage, advantage
l'avenir (*m*), future
un avis, notice, warning
avoir l'air ridicule, to look ridiculous
—— rigolo, to look funny

le bac de technicien, technical school certificate
le badge, badge
la bague, ring
la baignade, bathing, swimming-place
le banc d'essai, workbench, testbench
la bande, group, gang
la banlieue, suburb
la barbe, beard
bas(se), low
la base plein-air, open-air centre
le basket, trainer (shoe)
bavarder, to chatter, to gossip
la biologie, biology
bizarre, strange
une blague, joke, trick
tu blagues!, you're kidding!
blesser, to hurt, to wound
la blessure, wound, injury
le bleu, bruise
le bleu de travail, working clothes
le bloc-notes, note-pad
blond(e), fair
bloquer, to block, to cut off
bon marché, cheap
la boisson alcoolisée, alcoholic drink
la botte, boot
le bouche à bouche, mouth-to-mouth resuscitation
la boucle d'oreille, earring
bouger, to move, to stir
se ——, to shift
la bougie, candle, sparking-plug
la boule de cristal, crystal ball
bouffer, to eat
le boulot, job
la boum, party, do
le bout, end
le bouton, button
la braise, ash, cinder, ember
bref(brève), brief, short

breton(ne), Breton
le Brevet des Collèges, school certificate
bricoler, to do odd jobs, to tinker
la brindille, twig
la broche, brooch
(se) brûler, to burn (oneself)
la brûlure, burn
la bulle, bubble
le bureau, office, desk

le cachet, postmark
le cafard, blues, depression, dumps
la calculatrice, calculator
le camping-car, motor caravan
le Canada, Canada
canadien(ne), Canadian
une tente —— -ne, lightweight tent
le canal (*pl* **-aux**), canal
le canard, duck
la canne à pêche, fishing-rod
le canoë-kayak, canoe, canoeing
la cantine, canteen, dining-room
le carnet, notebook, book of tickets
la carte, map
la —— d'identité, identity card
le casque, helmet, headset
casser, to break
cassant, boring
le catch, wrestling
la cathédrale, cathedral
la cause, cause
célébrer, to celebrate
le centre, centre
—— commercial, shopping-centre
—— d'études, study centre
en céramique, ceramic, china
la chaîne stéréo, hi-fi, music centre
pas de chance! no luck!
le changement, change
la chanson, song
charger, to load
se charger de, to be in charge of
se chausser, to wear (on the feet)
le chef de section, head of department
le chemisier, blouse
la cheville, ankle
la chèvre, goat
le chiffon, rag
le chiffre, figure, numeral
le cidre, cider
le circuit pédestre, marked footpath
circuler, to run (bus)
la clarinette, clarinet
le cœur, heart
la collection, collection
le collégien (la collégienne), secondary school pupil

le(la) collègue, colleague
la comédie, comedy
commander, to order
le commerçant, tradesman, shopkeeper
le commerce, business
la compétence, skill, ability
le complexe sportif, sports centre
comporter, to consist of
composter, to cancel (ticket)
le comprimé, tablet, pill
y compris, including
le comptable, accountant
compter, to count
les comptes (*m pl*), accounts
tenir les ——, to do the accounts
la communauté européenne (la CEE), the Common Market (the EEC)
le concours, competition, contest
la conduite, conduct, driving
la confiance, confidence
confortable, comfortable
la connaissance, knowledge, acquaintance
connaître, to know, to get to know
le conseil, advice
conseiller, to advise
consommer, to consume (to eat, drink)
construire, to build
consulter, to consult
contenir, to contain
continu(e), continuous
la journée —— -e, all-day opening
la contrebasse, bass, double-bass
le contrôle d'identité, identity check
contrôler, to inspect
le contrôleur, inspector, guard
le correspondant (la —— e), penfriend
la Corse, Corsica
la corvée, task, chore
le costume, costume
la couchette, sleeping berth
le couloir, corridor
le coup de main, (helping) hand
couper, to cut
la cour, courtyard, playground
le courage, courage
la course, race, running
la —— sur place, running on the spot
le coût, cost
la couverture, blanket
la crêpe, pancake
crever, to be worn out, to die, to burst (tyre)
crevé(-e), worn out, whacked, clapped-out
la Croix-rouge, the Red Cross

en cuir, (made of) leather
le cuisinier (la -ière), cook
le cultivateur, farmer, grower
le cygne, swan

dangereux(-se), dangerous
la danse, dance, dancing
la date de naissance, date of birth
débarrasser, to get rid off, to clear away
le débutant, beginner
déchirer, to tear (up)
décoller, to take off
décontracté(e), relaxed, casual
se décontracter, to relax
le décor, scenery, decorations
découvrir, to discover
décrire, to describe
défendre, to forbid
se déguiser, to dress up, to disguise oneself
déguster, to eat
démarrer, to start (car, etc.)
le dépanneur (la -euse) repairman, -woman
le département, department (administrative)
se déplacer, to travel
le dépliant, brochure
déranger, to disturb
en désordre, untidy
à destination de, going to (train, etc.)
se détendre, to relax
la détente, relaxation
deviner, to guess
la difficulté, difficulty
le directeur(la -trice) head, director
se diriger vers, to head towards
la discipline, subject
 les — s d'éveil, "broadening subjects"
 les — s fondamentales, basic subjects
la disco(thèque), disco
le discours, speech
la distraction, amusement, entertainment
le divertissement, amusement, entertainment
divisé(e) en, divided into
une dizaine, about ten
le dortoir, dormitory
le dossier, file, folder, project
la douane, customs
le douanier, customs officer
doué(-e) pour, gifted in
le drap, sheet
dresser, to put up
le droit, law
les droits (*m pl*), rights
dur(-e), hard, difficult, tough
la durée, duration
durer, to last
dynamique, energetic

l'eau (*f*), water
 le service des eaux, water board
écarter, to open, spread, remove
l'économie (*f*), economics, economy
économiser, to economise, to save
écraser, to crush, squash, to run over
l'éducation civique (*f*), civic education
un effet, effect
efficace, effective
l'électricité, electricity
électroménager(-ère), household electrical
élevé, raised, high
bien élevé, well brought up
en émail, enamel
emballer, to wrap, to pack
s'embêter, to get, be bored, fed up
embêtant, annoying
un embouteillage, traffic jam
une émission, broadcast
un emplacement, site
un emploi, job
emporter, to take away
un endroit, place, spot
l'énergie (*f*), energy
énergique, energetic
énervant, annoying
s'énerver, to get worked up
enfoncer, to drive in
un ennemi, enemy
ensemble, together
un(e) enthousiaste, enthusiast, enthusiastic
l'entraînement (*m*), training
une entreprise, firm, business
aux environs (de), in the neighbourhood (of)
épatant(e), super, great, knockout
l'équilibre (*m*), balance
une équipe, team
l'équitation (*f*), riding
pas d'espoir! no hope!
un établissement scolaire, school
un étage, floor, storey
un étalage, stall, display
un étang, pond, lake
les Etats-unis (*m pl*), the United States
éteindre, to put out
une étoile, star
étourdi(e), scatterbrained, nitwit
un étranger (une -ère), foreigner
l'étude personnelle (*f*), private study
l'exercice (*m*), exercise
exister, to exist
expirer, to breathe out

s'expliquer (avec), to explain yourself (to)
une exposition, exhibition
l'expression corporelle (*f*), movement
une extension, stretching
un extincteur, extinguisher
éviter, to avoid

la fabrique, factory
fabriquer, to make, to manufacture
facultatif(-ve), optional, request (bus stop)
la faim, famine, hunger
la farce, joke
le farceur, joker
fatigant(e), tiring
se fatiguer, to get tired
fauché(e), broke
faucher, to swing (arms)
le fauteuil, armchair
la fermeture, closure
la feuille, leaf
le feutre, felt-tip pen, **en —,** (made of) felt
la fiche, card, slip
 la — d'étranger, registration card for foreigners
 la — d'inscription, application form
la fièvre, fever
flamand(e), Flemish
la flèche, arrow
 la — de signalisation, direction sign
folklorique, folk
follement, madly, fantastically
un(e) fonctionnaire, civil servant, clerk
fonctionner, to work
la forêt, forest, wood
la formation, training
la forme, fitness
formellement, formally, officially
le foyer, club, hostel
la fracture, fracture
la frontière, frontier
le fumeur, smoker
le fusible, fuse

la garde-enfants, baby-sitter
la gare maritime, ferry terminal
gaulois(e), Gaul
le gaz, gas
génial(e), brilliant
le geste, gesture, act, deed
le gîte rural, holiday cottage
la gorge, throat, gorge
le (la) gosse, young person, "kid"
goûter, to taste, to enjoy
la grande surface, big shop, supermarket
la grandeur, size
gratuit(e), free

141

grave, serious
le grec, Greek (language)
grimper, to climb
la grippe, flu
guérir, to cure, to heal, to get better
la gymnastique, gymnastics

un habitant, inhabitant
une habitude, habit
la hanche, hip
à la hâte, in a hurry, hastily
la hauteur, height
un hélicoptère, helicopter
l'herbe (*f*), grass
le héron, heron
le hibou (*pl* **-x**), owl
hollandais(e), Dutch
un homme-grenouille, frogman
un hôpital, hospital
horizontal(e), horizontal
une hôtesse, hostess, receptionist
humide, damp

un immeuble, (large) building, block of flats
immobile, motionless
important(e), significant, large
imposer, to set, to lay down
imprévu(e), unexpected
un incident, incident, event
un(e) inconnu(e), stranger, unknown
un inconvénient, disadvantage
incroyable, incredible
une indication, instruction, direction
individuel(le), individual, personal
infect(e), revolting, vile
un(e) infirmier(-ère), nurse
l'informatique (*f*), information technology
l'initiation (*f*), introduction
s'inquiéter, to worry, to get worried
s'inscrire (à), to sign up (for), to enrol (in)
inspirer, to breathe in, to inhale
un(e) instituteur(-trice), primary school teacher
un intérêt, interest
s'intéresser (à), to be interested (in)
interroger, to question
un interrupteur, switch
interviewer, to interview
isolé(e), isolated, cut off
un itinéraire, route
un jeu casse-tête, brain-teaser
un — vidéo, video game
la jeunesse, youth
le jogging, jogging, tracksuit
la joie de vivre, joy of life
le jouet, toy

joyeux(-se), joyful, merry

le labo(ratoire), lab(oratory)
lancer, to throw
la langue étrangère, foreign language
le latin, Latin
le lèche-vitrines, window shopping
un(e) lecteur(-trice), reader
lent(e), slow
le libre-service, self-service shop or restaurant
le lieu de naissance, birthplace
la ligne (d'autobus), (bus) route
la limite de vitesse, speed limit
la livraison, delivery
livrer, to deliver
le livreur (la -euse), delivery man/woman
la localité, area
la location, hire, rental
loger, to lodge, put up
la loi, law
le loisir, leisure (activity)
louer, to hire, to rent
un(e) lycéen(ne), sixth form college student

le magasin à succursales multiples, multiple store
le magnétoscope, video recorder
fait main, handmade
la maison pour tous, community centre
la maladie, illness
malin(e), cunning, sly
la maquette, model
la marche, walking, step
le mariage, marriage, wedding
marié(e), married
se marier, to get married
les nouveaux — s, the newly-weds
la marque, mark
marrant(e), funny, odd
le marteau, hammer, mallet
le masque, mask
le mât, mast, pole
le matériel, equipment, gear
la maternelle, nursery school, kindergarten
la matière, subject
la — optionnelle, option
la — préprofessionnelle, vocational subject
la — technique, technical subject
au maximum, at most
le mécanicien, mechanic
le médecin, doctor
meilleur(e), better
le(la) — (e), best
même, same, even
mesurer, to measure

la mesure de prévention, preventative action, step
en métal, (made of) metal
le métier, profession, trade
le — de service, service trade
métropolitain(e), metropolitan
mettre à son aise, to put (someone) at ease
le micro, mike, microphone
le micro-ordinateur, microcomputer
la micro-technologie, microtechnology
mieux, better, best
mignon(ne), pretty, sweet
migrateur(-trice), migratory
le milieu naturel, natural habitat
le — professionnel, workplace
le millionnaire, millionaire
le mime, mime
mince, thin
— alors! bother!
le(la) mineur(e), minor
le mini-golf, miniature golf
le modèle, model
le modélisme, modelling
le(la) moindre, the least smallest
moins, less
le moniteur (la -trice), leader, instructor (**le/la mono**)
la montagne, mountain
le monument, monument
la moustache, moustache
le mouvement, movement
moyen(ne), medium, average
en moyenne, on average
le muscle, muscle

la nature, nature
né(e), born
le nom de famille, surname
nombreux(-se), numerous
normand(e), Norman
noter, to note
la notion, notion, idea
nourrissant(e), nutritious
se noyer, to drown
le numéro d'immatriculation, registration number

une obligation, obligation
obligatoire, compulsory
s'occuper de, to deal with, to be in charge of
s'offrir, to treat oneself to
une oie, goose
un oiseau (*pl* **-x**), bird
une option, option, choice
une — préprofessionnelle, vocational option, course
un orchestre, orchestra, band
un ordinateur, computer
un oreiller, pillow
les oreillons (*m pl*), mumps

organiser, to organise
l'orientation, orienteering, direction, guidance
d'origine, (coming) from
ôter, to take off
l'ouverture (*f*), opening
   les heures d' —, opening hours
un ouvre-boîtes, tin-opener

la panne, breakdown
la papeterie, stationer's
le Pâques, Easter
parallel(-èle), parallel
le parc, park
   le — d'attractions, amusement park
   le — national, national park
le parcours, route, journey, course
le parfum, perfume, scent, flavour
partager, to share
le/la partenaire, partner
participer à, to join in
à partir de, from
pas grand'chose, not much
pas mal (de), quite a lot (of)
Pas la peine! It's not worth it!
le passé, the past
se passer, to happen
passionné(e) de, pour, mad on, keen on
le patin à roulettes, roller skating
la pause-café, coffee-break
la paume, palm (of hand)
le péage, toll
pédaler, to pedal
le pédalo, pedalo
en peluche, fluffy, soft (toy)
se pencher (en avant), to lean (forward)
pénétrer, to go in, through
la Pentecôte, Whitsun
perdre le temps, to waste time
le perfectionnement, improvement
perfectionner, to improve
en période de, during
permettre, to allow
le permis de conduire, driving licence
le personnage, person, character
peser, to weigh
la pharmacie, chemist's shop
   une armoire de —, first aid cupboard
   une boîte de —, first aid box
la philatélie, stamp collecting
le piano, piano
   jouer du —, to play the piano
la pièce d'identité, identification
piétonnier(-ière) pedestrian
la pile, battery

le pilote, pilot
le piquet, peg
la piscine couverte, indoor swimming pool
la piste d'aventures, adventure trail
la pizza, pizza
la plaie, cut, wound
la plante, plant
en plastique, (made of) plastic
à plat, flat
en pleine campagne, deep in the country
plier, to fold, to bend
plonger, to dive
plus, more, plus
la pochette, folder
le poids, weight
   prendre du —, to put on weight
le poignet, wrist
le pompier, fireman
le poisson rouge, goldfish
le polo, jumper
portatif(-ve), portable
le portrait-robot, Identikit drawing or photo
la possibilité, possibility, opportunity
le pot, pot
la poterie, pottery
le poteau, post
le poumon, lung
le pouce, thumb
   manger sur le —, to have a quick bite to eat
   faire du —, to hitch-hike
pratique, practical
pratiquer, to practise
précis(e), exact
préhistorique, prehistoric
premier(-ère), first
   les vingt —-s, the Top Twenty
le prénom, Christian name, forename
en présence de, in the presence of
présenter, to present, to put on
se présenter, to turn up
prévenir, to warn
prévoir, to foresee
le procès, process
se produire, to happen, to break out
le produit, product
profond(e), deep
la programmation, programming
programmer, to program
le projet, plan
la promotion, promotion
la propreté, cleanliness
le propriétaire, owner
la Protection civile, civil defence
protéger, to protect
prouver, to prove

prudent(e), careful
la publicité, advertising
la puissance, strength

le quartier, district
la quincaillerie, hardware shop, ironmonger's
la quinzaine, fortnight

raccommoder, to mend
raisonnable, reasonable
le ranch, riding centre
la randonnée, trip, walk
le range-tout, tidy, organiser
se rappeler, to remember
le rapport, report, contact
rapporter, to report, to bring back
la raquette de tennis, tennis raquet
le rayon, shelf, counter, department
réaliser, to make come true
la réanimation, resuscitation
recevoir, to receive
le réchaud, cooker, stove
recommandé(e), recommended, registered
recopier, to copy
recoudre, to sew up
la rédaction, essay, composition
le redoublement, repeating (a year at school)
la réglementation, rule
la région, region, area
regretter, to regret, to miss
régulièrement, regularly
relâcher, to let go
remarquer, to notice
remonter, to go up
remplacer, to replace
remplir, to fill
la rencontre, meeting
se rendormir, to go to sleep again
rendre, to give back
renverser, to knock over, to spill, to knock down
la réouverture, reopening
réparer, to repair
la répétition, rehearsal
le représentant (la — -e), representative
la Réserve, reserve, sanctuary
la résistance, stamina
la résolution, resolution
   prendre une —, to make a resolution
respirer, to breathe
responsable de, in charge of
ressortir, to come out again
le résultat, result
la retraite, retirement
le retraité (la — e), retired person, pensioner
se réunir, to gather, to meet

le rêve, dream
le réveil, awakening, alarm
   le — en musique, musical alarm call
la revue, revue
le rez-de-chaussée, ground floor
le Rhin, the Rhine
  rigoler, to laugh, have fun
  risquer (de), to risk
la robotique, robotics
le rocher, rock, boulder
la rotation, turning
la rougeole, measles
la route, road
   la — à chaussées séparées, dual carriageway
   la — départementale, secondary road
   la — principale, main road
   la — verte, holiday route
  roux(-sse), red, ginger (hair)
la rubéole, German measles
la ruche, hive
le ruisseau (*pl* -x), stream
le rythme de la vie, pace of life

le saignement, bleeding
  saigner, to bleed
  sain(e), healthy
le salaire, salary, wages
la salle de jeux, amusement arcade
la sandale, sandal
la santé, health
la sauterelle, grasshopper
le sauvetage, rescue
la Scandinavie, Scandinavia
la scarlatine, scarlet fever
  scolaire, school
la scolarité, schooling, education
les sciences expérimentales (*f pl*), science(s)
les sciences humaines (*f pl*), humanities
les sciences naturelles (*f pl*), biology
  sec(-èche), dry
le sèche-cheveux, hairdryer
  sécher, to dry, to miss, to skip (classes, etc.)
  secourir, to help
le secourisme, assistance, aid
le secouriste, helper, rescuer
le secours, help
   le poste de (premier) —, first aid post
   le centre de —, rescue centre
la section, department, section
le séjour, visit, stay
   le — linguistique, language-learning holiday
le self, self-service restaurant
  sensationnel(le), fantastic, terrific

le sentier, footpath
   le — de grande randonnée, long-distance path
se sentir, to feel
  sérieux(-se), serious, responsible
le serpent, snake
le serveur (la — -se), waiter (waitress)
le service, service
   le — militaire, national service
   le — volontaire, voluntary service
   de —, on duty
  servir, to serve, to be used
   à quoi sert . . . ? what is . . . used for?
se servir de, to use
la simplicité, simplicity
le sketch, sketch
  soigner, to look after, to treat
le soin, care
   prendre du —, to take care
   les — -s dentaires, dental treatment
   les — -s médicaux, medical treatment
le sol, ground
  solide, solid, well-made
la solidité, sturdiness, toughness
le sommeil, sleep
la sortie, way out, exit
   la — de secours, emergency exit
   à la — des classes, after school
la souplesse, suppleness
le sous-sol, basement
le sparadrap, sticking-plaster
la spécialité, speciality
le spectacle, show
la spéléo(logie), caving
le sport d'équipe, team sport
le stade, stadium
la surboum, party
  surveiller, to look after, to supervise
  suivre, to follow
   au suivant, next, please

la tâche, task, job
la taille, waist, size
le tarif, price, fare
la technique du bâtiment, building technique
la technologie, technology
le teint, colour, complexion
  tel(le), such
le témoin, witness
la température, temperature
  à temps partiel, part-time
  tendre, to stretch
la terre, earth, soil
   par —, on the ground

le thermomètre, thermometer
  timide, shy
se tordre (la cheville), to twist (one's ankle)
le torse, torso, trunk
  toucher (à), to touch
le(la) touriste, tourist
le tournant, turning
le tracteur, tractor
  traditionnel(le), traditional
  traire, to milk
le trajet, journey
  tranquille, quiet, peaceful
le transfert, transfer, transport
les travaux manuels, crafts
le trésor, treasure
le tricot, knitting
le trimestre, term
le trombone, trombone
la trompette, trumpet
le tronc commun, common core (of subjects)
le trou, hole
le truc, gadget, thingummijig

  d'urgence, emergency
une usine, factory
  utile, useful

le village de vacances, holiday village
  vachement, very
  valable, valid
la vallée, valley
le vallon, (small) valley
la varappe, rock-climbing
la varicelle, chickenpox
  il vaut mieux, it's better (to)
le vélodrome, cycle race-track
se venger de, to avenge oneself on
le vent, wind
   dans le —, fashionable, up-to-date
la vente, sale
   la — par correspondance, mail order
   le point de —, sales point
  en verre, (made of) glass
  vertical(e), vertical
la victime, victim
la vidéo, video
la vie active, working life
   la — courante, everyday life
  vietnamien(ne), Vietnamese
la voile, sailing
la voiture-lit, sleeping-car
le vol, theft, flight
le voleur, thief, robber

la Yougoslavie, Yugoslavia